Effi Briest

Bearbeitet von **Achim Seiffarth**

Illustriert von **Ivan Canu**

M000308630

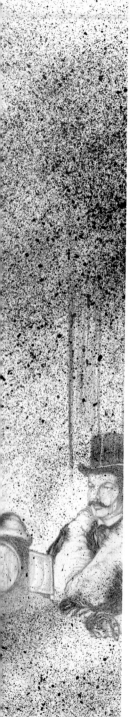

Redaktion: Jacqueline Tschiesche
Künstlerische Leitung und Gestaltungskonzept: Nadia Maestri
Computerlayout: Tiziana Pesce
Bildbeschaffung: Laura Lagomarsino

© 1999 Cideb Editrice, Genua

Neuausgabe
© 2008 Cideb

Fotonachweis:
Cideb Archiv: 9, 28, 32 36, 41, 44, 52, 58, 61, 64, 67, 70, 73, 80, 85, 91, 100, 103, 105, 109, 116, 118, 120, 124, 130, 133, 135, 137; De Agostini Picture Library: 5, 111, 139; Library of Congress, Prints and Photographic Division, Washington: 16, 20, 97; © Bettmann/CORBIS: 47; The Granger Collection, New York: 128.

Trotz intensiver Bemühungen konnten nicht alle Inhaber von Text- und Bildrechten ausfindig gemacht werden. Für entsprechende Hinweise ist der Verlag dankbar.

Alle Rechte vorbehalten. Die Verbreitung dieses Buches oder von Teilen daraus durch Film, Funk oder Fernsehen, der Nachdruck und die fotomechanische Wiedergabe sind nur mit vorheriger schriftlicher Genehmigung des Verlages gestattet.

Wir würden uns freuen, von Ihnen zu erfahren, ob Ihnen dieses Buch gefallen hat. Wenn Sie uns Ihre Eindrücke mitteilen oder Verbesserungsvorschläge machen möchten, oder wenn Sie Informationen über unsere Verlagsproduktion wünschen, schreiben Sie bitte an:
info@blackcat-cideb.com
blackcat-cideb.com

CISQ CISQ CERT

TEXTBOOKS AND
TEACHING MATERIALS
The quality of the publisher's design, production and sales processes has been certified to the standard of
UNI EN ISO 9001

ISBN 978-88-530-0895-4   Buch + CD

Printed in Croatia by Grafički zavod Hrvatske d.o.o., Zagreb

Inhalt

Zeittafel 5

KAPITEL **1**   Das Matrosenkleid   9

KAPITEL **2**   Einkaufen in Berlin   16

KAPITEL **3**   Auf Hochzeitsreise   20

KAPITEL **4**   Fahrt nach Kessin   28

KAPITEL **5**   Effis neues Domizil   32

KAPITEL **6**   Der erste Morgen   36

KAPITEL **7**   Führung durch das Haus   41

KAPITEL **8**   Besuch von Gieshübler   44

KAPITEL **9**   Einführung in die Gesellschaft   47

KAPITEL **10**   Ein Abend allein   52

KAPITEL **11**   Schlittenfahrt   58

KAPITEL **12**   Brief an die Mutter   61

KAPITEL **13**   Frühling, Crampas und Geburt von Annie   64

KAPITEL **14**   September   67

KAPITEL **15**   Ausritt mit Crampas   70

KAPITEL **16**   Theaterabend   73

KAPITEL **17**   Der Schloon   80

KAPITEL **18**   Spaziergänge   85

KAPITEL **19**   Eine Entscheidung   88

KAPITEL **20**   Ein Brief   91

KAPITEL **21**   Wohnungssuche in Berlin   97

KAPITEL **22**	Krankheit	100
KAPITEL **23**	Neuanfang	103
KAPITEL **24**	Auf Rügen und in Kopenhagen	105
KAPITEL **25**	Zweifel	109
KAPITEL **26**	Gesellschaftsleben	111
KAPITEL **27**	Die Kur	116
KAPITEL **28**	Der Fund	118
KAPITEL **29**	Das Duell	120
KAPITEL **30**	Brief nach Bad Ems	124
KAPITEL **31**	Drei Jahre später	130
KAPITEL **32**	Besuch von Annie	133
KAPITEL **33**	Rückkehr nach Hohen-Cremmen	135
KAPITEL **34**	Beförderung	137
KAPITEL **35**	Das Ende	139

Dossier	Preußen in der Bismarckzeit	26
	Das Duell	128

INTERNETPROJEKT	25, 51, 144

Ü B U N G E N	22, 49, 76, 93, 113, 142

 Die auf CD aufgenommenen Kapitel.

Theodor Fontane.

Zeittafel

Als Romancier war Fontane ein Spätstarter. Erst mit knapp 60 Jahren veröffentlichte er den ersten Roman.

1819 Geburt in Neuruppin.

1827 Umzug nach Swinemünde.

1833 Umzug nach Berlin.

1835 Erste Begegnung mit Emilie Rouanet-Kummer, seiner späteren Frau.

1836 Beginn einer Apothekerlehre in Berlin.

1839 Erste Veröffentlichung: die Novelle *Geschwisterliebe* im *Berliner Figaro*.

1848 Fontane beteiligt sich an den Barrikadenkämpfen in Berlin.

1849 Fontane gibt den Apothekerberuf auf und wird freier Schriftsteller.

1850 Heirat mit Emilie Rouanet-Kummer.

1855 Beginn eines vierjährigen Aufenthalts in London.

1861 Der erste Teil der *Wanderungen durch die Mark Brandenburg* erscheint.

1870 Erste Theaterkritiken für die *Vossische Zeitung*. Arbeit als Kriegsberichterstatter. Von den Franzosen als vermeintlicher preußischer Spion inhaftiert und erst nach Intervention Bismarcks freigelassen.

1878 Der erste Roman erscheint.

1881 Vierter Teil der *Wanderungen*. Beinahe jährlich erscheint ein Roman oder eine Novelle: *Grete Minde* ('80), *Ellernklipp* ('81), *L'Adultera* ('82), *Schach von Wuthenow* ('82/'83), *Graf Petöfy* ('84), *Unterm Birnbaum* ('85), *Cécile* ('87), *Irrungen, Wirrungen* ('88), *Stine* ('90), *Quitt* ('90/'91), *Unwiederbringlich* ('91/'92), *Frau Jenny Treibel* ('92/'93), *Effi Briest* ('95), *Die Poggenpuhls* ('96), *Der Stechlin* ('98/'99), *Mathilde Möhring* (1906).

1889 Nach über 19 Jahren gibt Fontane seine Arbeit als Theaterkritiker auf.

1898 Die Autobiografie *Von Zwanzig bis Dreißig* erscheint. Am 20. September stirbt Fontane in Berlin.

1 Beantworte die Fragen mit Hilfe der Zeittafel.

a Wie lange ist Fontane Theaterkritiker gewesen?

b Wie lange arbeitete er in Apotheken?

c Wann war er in London?

d Wie alt war er, als sein erster Roman erschien?

e Wie alt war er, als er gestorben ist?

f War Fontane bei der Revolution von 1848/49 dabei?

g Was dachten die Franzosen im Krieg über ihn?

Szenenfoto aus dem Film *Effi Briest* von R. W. Fassbinder.

Als *Effi Briest* 1895 erschien, war Fontane schon fast achtzig. Er hat erst spät angefangen, Romane zu schreiben. Ein Germanist nennt ihn den *alten Mann par excellence*.

Von dem, was ich geschrieben habe, werden nur die ‚Gedichte' bleiben, schrieb Theodor Fontane 1889. Er hat sich geirrt. Jetzt, da das nächste Jahrhundert zu Ende geht, ist Fontane ein Klassiker der deutschen Literatur, und Literaturwissenschaftler sehen in seinen Romanen den Prototyp modernen Erzählens. Zu Fontanes 100. Todestag am 20. September 1998 haben die Länder Brandenburg und Berlin, in denen der Schriftsteller wirkte, das *Fontane-Jahr* ausgerufen mit mehr als 200 Veranstaltungen zum Leben und Schaffen des märkischen Dichters. Ihm selbst hätte das nicht gefallen, sagte er doch, dass er sich bei öffentlichem Lob immer *mau und flau* fühle.

Darsteller

Von links nach rechts: Geert von Innstetten, Major von Crampas, Effi, Annie, Effis Mutter, Frau Kruse, Alonzo Gieshübler, Rollo.

KAPITEL 1

Das Matrosenkleid

Es war warm. Die Sonne schien. Auf der Dorfstraße und im
Garten vor Schloss Hohen-Cremmen war niemand zu sehen. Im
hinteren Garten des Schlosses saßen zwei Damen an einem Tisch
und arbeiteten an einem großen Teppich. Die jüngere trug ein
Matrosenkleid [1]. Sie stand manchmal auf und machte
gymnastische Übungen. Ihre Mutter lachte. „Aber Effi", sagte sie,
„willst du denn zum Zirkus? Für eine junge Dame …". „Eine junge
Dame solltest du auch nicht so anziehen", antwortete Effi
prompt [2]. „Ich sehe aus wie ein Matrosenjunge. Warum machst
du keine richtige Dame aus mir?"

„Möchtest du's?"

„Nein", antwortete Effi, umarmte ihre Mutter und gab ihr
einen Kuss.

---

1. **r Matrose(n)**: arbeitet auf einem Schiff und trägt die Farben blau und
   weiß.
2. **prompt**: sofort.

„Nicht so wild, nicht so stürmisch, Effi, das geht ...“

Aber in diesem Moment kamen zwei junge Mädchen in den Garten. Es waren Hertha und Bertha, die Töchter des Schulmeisters. Sie gingen zu Frau von Briest und küssten ihr die Hand. Sie lud sie ein, ein bisschen zu bleiben. „Ich habe noch zu tun, und junge Leute sind am liebsten unter sich. Also auf Wiedersehen.“ Dann ging sie hinein.

„Wir wollten deine Mama nicht stören“, sagte Hertha.

„Gestört habt ihr sie sicher nicht", meinte Effi, „sie hat wirklich viel zu tun. Sie erwartet heute noch Besuch, einen alten Freund ... von dem muss ich euch erzählen, eine Liebesgeschichte mit traurigem Ende. Ich habe ihn schon einmal gesehen, er ist Landrat[1], gute Figur und sehr männlich."

„Das ist das Wichtigste", sagte Hertha.

„Natürlich. Das sagt Papa auch immer."

„Nun, Effi, die Liebesgeschichte mit traurigem Ende. Oder ist

1. **r Landrat("e):** hoher Beamter.

es nicht so schlimm?"

„Eine Geschichte mit traurigem Ende ist nie schlimm."

„Erzählst du sie uns jetzt oder nicht?"

„Ja, es ist alles ein bisschen sonderbar, ja, fast romantisch."

„Romantisch? Ein Landrat!"

„Ja, ein Landrat. Er heißt Geert von Innstetten. Er ist so alt wie Mama, achtunddreißig."

„Ein schönes Alter."

„Da hast du Recht", meinte Effi, „und die Mama ist auch eine schöne Frau. Und sie ist immer so sicher und fein, nicht so wie Papa. Also ... Baron von Innstetten! Vor achtzehn Jahren, er war noch keine zwanzig, war er Soldat bei den Rathenowern [1] und besuchte oft die adligen Familien in der Nähe. Besonders oft kam er bei meinem Großvater zu Besuch. Natürlich nicht, um den Großvater zu sehen ... und ich glaube, auch Mama sah ihn gern."

„Und wie ging es weiter?"

„Es kam, wie es kommen musste: Er war ja noch viel zu jung, und als mein Papa kam, der schon Ritterschaftsrat [2] war und das Schloss hier hatte, da gab es keine lange Diskussion, und meine Mutter wurde Frau von Briest."

„Und sag schon, Innstetten? Das Leben hat er sich nicht genommen?"

„Nein, das Leben hat er sich nicht genommen, aber er hat seinen Abschied [3] als Soldat gegeben und angefangen Jura zu studieren. Erst im Siebziger Krieg ist er wieder Soldat geworden und hat

---

1. **Rathenower:** Name eines Regiments.
2. **Ritterschaftsrat:** Repräsentant des Adels.
3. **seinen Abschied geben:** erklären, aufhören zu wollen.

natürlich auch einen Orden [1] bekommen. Jetzt arbeitet er in der Verwaltung [2], und man sagt, Bismarck und auch der Kaiser halten [3] viel von ihm. Deshalb ist er Landrat geworden in Kessin."

„Kessin? Ich kenne hier kein Kessin?"

„Das ist auch weit weg von hier, in Pommern, sogar Hinterpommern, aber es ist ein Badeort am Meer. Im Sommer gibt es dort Feriengäste. Hier besucht er Verwandte und Bekannte, und heute kommt er zu uns."

Die Uhr am Kirchturm schlug zwölf Uhr. Der alte Diener kam und sagte: „Das gnädige [4] Fräulein möchte sich bitte für den Besuch fertig machen. Die gnädige Frau meint, der Herr Baron werde gegen eins ankommen."

„Ach, wir haben noch Zeit", meinte Effi. „Los, wir spielen noch ein bisschen."

Und schon lief sie fort, hinter die Platanen am Ende des Gartens, und war nicht mehr zu sehen. Die Freundinnen liefen ihr nach und suchten sie.

„Effi, Effi", rief Bertha, „wo bist du? Wir können dich nicht finden!" Plötzlich war Effi wieder da und lachte. „Wo warst du?" wollte Hertha wissen, aber Bertha hatte schon Effis Mutter im Garten stehen sehen. Effi lief zu ihr. Ihre Mutter war böse. „Noch immer im Matrosenkleid! Und der Herr Baron ist schon da!"

„Ach Mama, du wirst sehen, wie schnell ich sein kann."

„Nein nein, Effi, soll er dich sehen, wie du bist! Ich muss dir nämlich sagen ..."

---

1. **r Orden(=):** Medaille etc.
2. **e Verwaltung:** die Bürokratie.
3. **viel von jdm halten:** denken, dass jd gut arbeitet.
4. **gnädig:** so nannte man sozial hoch stehende Personen.

Effi Briest

Sie nahm Effi an beiden Händen.

„Was denn, Mama, du machst mir Angst! Was denn?"

„Ich muss dir nämlich sagen, Effi, dass Baron Innstetten um deine Hand angehalten [1] hat."

„Um meine Hand angehalten?" Sie lachte.

„Das ist nicht der Moment für Scherze. Du hast ihn vorgestern gesehen, und ich glaube, er hat dir auch gut gefallen. Er ist älter als du, aber das ist vielleicht auch gut so. Er hat Charakter und eine gute Position, und wenn du nicht Nein sagst, und meine kluge Effi wird sicher nicht Nein sagen, stehst du mit zwanzig, wo andere mit vierzig stehen. Höher als deine Mama."

Effi sagte nichts. Sie suchte nach einer Antwort. Aber schon stand sie im Gartensalon vor ihrem Vater, einem fünfzigjährigen, gutmütigen [2] Mann, und Baron Innstetten. Er war schlank, brünett, und von militärischer Haltung [3]. Effi wurde nervös, aber hinter Innstetten sah sie nun Hertha und Bertha draußen am Fenster stehen. Sie sahen herein und riefen: „Effi, komm!" Dann liefen sie weg und lachten.

Schon beim Mittagessen wurde die Verlobung [4] gefeiert. Man sagte „du" zueinander, Innstetten sollte „Mama" zu Effis Mutter sagen und „Briest" zu Effis Vater, „weil das so schön kurz ist." Nach dem Essen ging Effi ihre Freundinnen besuchen.

Hertha und Bertha warteten schon vor der Haustür auf sie. „Nun, Effi, wie fühlst du dich jetzt?" wollte Hertha wissen.

---

1. **um die Hand anhalten:** jdn heiraten wollen.
2. **gutmütig:** nicht aggressiv.
3. **e Haltung(en):** wie man geht und steht.
4. **e Verlobung(en):** offizielle Feier vor der Hochzeit.

„Ganz gut. Ich darf ihn schon beim Vornamen nennen und ‚du‘ zu ihm sagen. Er heißt Geert, was ich euch, glaube ich, schon gesagt habe."

„Ja, das hast du. Aber ist es denn der Richtige?"

„Natürlich. Das verstehst du nicht, Hertha. Jeder ist der Richtige. Natürlich, muss er von Adel [1] sein und eine Stellung haben und gut aussehen."

„Gott, Effi, sonst hast du aber anders gesprochen."

„Ja, sonst."

„Und bist du auch schon glücklich?"

„Wenn man zwei Stunden verlobt ist, ist man immer glücklich. Wenigstens denk' ich mir es so."

„Aber ist dir nicht ein bisschen komisch dabei?"

„Ja, ich denke, das ist normal, am Anfang."

1. **r Adel:** e Aristokratie.

KAPITEL 2

Einkaufen in Berlin

Innstetten hatte nur einen kurzen Urlaub genommen und fuhr
schon am nächsten Tag nach Kessin zurück. Aber er wollte — er
musste Effi jeden Tag einen Brief schreiben. Sie bekam so gern
Briefe. Seine gefielen ihr besonders gut, denn sie brauchte ihm
nur einmal pro Woche einen ganz kleinen Antwortbrief zu
schreiben, und die praktischen Dinge — Möbel, Kleidung,
Haushaltsgerät ¹ — das war Sache ihrer Mama. Zusammen mit
Effi wollte sie nach Berlin fahren, um einzukaufen, was diese
noch brauchte.

Effi war begeistert ². Sie wollte endlich einmal im Hotel du
Nord wohnen, dem elegantesten Hotel Berlins. Diese Woche in
Berlin sollte etwas Besonderes ³ sein. Und das wurde es auch. Ihr
Vetter ⁴ Dagobert, Leutnant beim Alexander-Regiment in Berlin,

---

1. **s Haushaltsgerät:** alles für die Küche etc.
2. **begeistert:** voll Enthusiasmus.
3. **besonders:** „speziell".
4. **r Vetter(=):** Cousin.

holte sie vom Bahnhof ab. Er brachte sie pausenlos zum Lachen. Sie gingen in Cafés, in den Zoologischen Garten, wo sie über die Giraffen lachten, die wie ihre Tanten aussahen, und in die Nationalgalerie, wo der Vetter ihr Bilder zeigte, die Effi als Mädchen nicht hätte sehen dürfen. Effi fühlte sich wie im Paradies. Bei den Einkaufsfahrten mit ihrer Mutter war ihr Interesse oft nicht groß. Aber wenn ihr etwas gefiel, musste sie es haben. Wenn es dann nicht das Schönste und Eleganteste sein konnte, wollte sie lieber nichts.

An einem der letzten Sonnentage im September saß Effi wieder mit ihrer Mutter am alten Platz im Garten. Die letzten in Berlin gekauften Dinge waren gekommen.

„Aber sag mal", fragte ihre Mutter, „gibt es nicht noch etwas, was meine kleine Effi sich wünscht?"

„Ja, Mama, wenn du so fragst! Nun soll ich nach Kessin, wo die Winter lang und kalt sind. Ich denke mir, es wäre gut, einen Pelzmantel zu haben."

„Ach Effi, Kessin liegt in Pommern, nicht in Russland. Und für einen Pelzmantel, glaub mir, ist auch deine alte Mama noch etwas zu jung. Was sollen die Kessiner sagen, wenn eine junge Frau wie du im Pelzmantel herumfährt? Sie werden glauben, es sei Karneval. Aber wenn du möchtest ..."

In diesem Moment brachte der Diener einen Brief für Effi. Sie sah ihn kurz an und steckte ihn weg. Dann sprach sie weiter: „Und für das Schlafzimmer ..."

„Ja?"

„Für das Schlafzimmer hätte ich gern noch einen japanischen Bettschirm [1] und ein Lämpchen mit rotem Licht dazu."

---

1.   r Bettschirm(e): wird vor das Bett gestellt.

„Meine liebe Effi, wir Frauen müssen vorsichtig sein im Leben. Vergiss nicht, dass Kessin eine kleine Stadt ist. Es ist schon viel, wenn sie da Laternen auf der Straße haben. Die Leute könnten dort vieles falsch verstehen."

„Schade, ich hätte es mir so schön und poetisch gedacht."

Frau von Briest stand auf und küsste Effi. „Du bist ein Kind, schön und poetisch. Oft ist es gut, wenn die Dinge im Dunkeln bleiben, liebe Effi. Aber sag mal, der Brief ist doch sicher von Innstetten. Willst du ihn denn nicht lesen?"

„Richtig", sagte Effi, öffnete ihn und las ihn schnell durch.

„Nun, Effi, kein Wort? Du freust dich nicht und lachst nicht. Und er schreibt immer so nett und amüsant. Lies ihn mir doch vor, wenn nicht etwas Besonderes darin steht oder vielleicht Geheimnisse[1]."

„Geheimnisse!" lachte Effi. „Geheimnisse! Seine Briefe könnte er am Landratsamt aushängen, damit jeder sie liest."

„Lies, lies."

Liebe Effi!

Das Haus wird renoviert. Ich bin so glücklich über Dich, meine kleine, liebe Effi. Ich will endlich zu Dir. Die Stadt ist fast leer. Der letzte Feriengast ist gestern abgereist. Ich freue mich so, dass wir in vier Wochen an den Lido fahren oder nach Murano, wo sie Glasperlen machen. Sicher finden wir dort ein schönes Geschenk für Dich.

Viele Grüße an Deine Eltern und einen Kuss für Dich

von Deinem Geert

---

1. s Geheimnis(se): was man niemandem sagen darf.

„Das ist ein schöner Brief", sagte Frau von Briest, „und er hält immer das richtige Maß [1]."

„Ja, das richtige Maß, das hält er."

„Meine liebe Effi, soll er anders sein, leidenschaftlicher vielleicht? Liebst du Geert denn nicht?"

„Warum soll ich ihn nicht lieben? Ich liebe Hertha und Bertha, auch unseren alten Pastor [2]. Und vor allem liebe ich euch. Ich liebe alle, die gut zu mir sind. Und Geert wird gut zu mir sein."

„Und liebst du vielleicht auch deinen Vetter Briest?"

„Ja, sehr. Der bringt mich immer zum Lachen."

„Und würdest du lieber ihn heiraten?"

„Heiraten? Mein Gott! Er ist doch noch ein halber Junge. Geert ist ein Mann. Ein Mann, aus dem was wird in der Welt."

„Nun, das ist richtig, Effi. Aber du hast doch etwas?"

„Vielleicht."

„Nun, sprich!"

„Dass er älter ist, ist ja gut so. Er ist ja nicht alt, ist voll Energie, ist gesund und so soldatisch. Er wäre perfekt, wenn er nur — ein bisschen anders wäre. ‚Ja, der Baron!' sagen alle, ‚das ist ein Mann von Charakter, ein Mann von Prinzipien!'. Und ich ..."

„Ja, du?"

„... habe ich denn Prinzipien, Mama? Siehst du, und er ... macht mir Angst."

---

1. **s Maß(e):** Liter, Meter, Kilogramm etc.
2. **r Pastor(en):** r Priester (evangelisch).

KAPITEL 3

Auf Hochzeitsreise

Drei Tage nach der Hochzeit kam eine Postkarte aus München.

Liebe Mama! Heute Morgen die Pinakothek besucht. Dann mussten wir noch etwas besichtigen, aber den Namen weiß ich nicht mehr, zu kompliziert. Geert ist sehr gut zu mir und erklärt mir alles. Alles ist sehr schön, aber anstrengend [1]. In Italien wird es sicher besser. Wir wohnen im Hotel Vier Jahreszeiten und Geert sagt: ‚Es ist Herbst, aber in mir ist Frühling.‘ Poetisch, nicht? Er ist sehr lieb, aber ich muss immer konzentriert zuhören. Er weiß alles so gut, dass er keinen Reiseführer braucht.

Tausend Grüße von Eurer glücklichen, aber etwas müden Effi

---

1. **anstrengend:** macht müde.

Solche Karten kamen nun täglich, aus Innsbruck, aus Verona, aus Padua.

Der Anfang war immer: „Wir haben heute Morgen das ... Museum" oder „die Kirche Santa Maria" ... „oder eine Arena besucht".

Aus Padua kam auch ein Brief.

Gestern waren wir in Vicenza, das ist die Stadt des Palladio. Geert sagt, Palladio ist der Vater der Moderne – natürlich nur in der Architektur. Mir tun die Füße weh, ich bin immer ein bisschen müde. Aber wir müssen natürlich alles sehen. Ich freue mich sehr auf Venedig. Oft denke ich an Euch und an unseren Garten ... Ach, es ist so schön hier. Man sagt ja auch, es sei das Schönste.

Eure glückliche, aber etwas müde Effi

„Das arme Kind", sagte Frau Briest.

„Ja", meinte Briest, „das ist diese dumme Reiserei[1]. Da kann man nichts machen. Effi ist unser Kind. Aber seit dem 3. Oktober ist sie Baronin Innstetten. Und wenn ihr Mann jede Galerie neu katalogisieren will, dann ist das seine Sache."

„Also jetzt sagst du endlich ganz offen, dass wir Frauen in der Ehe nicht frei sind."

„Ja, Luise, das sage ich auch. Aber das ist ein zu weites Feld."

---

1. **e Reiserei:** das Reisen (negativ).

Textverständnis

1 Welche Personen haben wir im ersten Kapitel kennen gelernt? Was wissen wir über sie? (Name, Alter, soziale Stellung)

Effi Briest: ...17 Jahre alt, junge Dame von Adel.....................

a Geert von Innstetten: ....

b Herr von Briest: ....

c Hertha und Bertha: ....

d Frau von Briest: ....

e Dagobert: ....

Interpretation

1 Die Motive von Effis Mutter kennen wir, aber über Innstettens Motive erfahren wir nichts. Warum will er Effi heiraten? Was denkt er wohl über sie?

2 Was ist für Effi wichtig bei einem Heiratskandidaten? Was ist nicht wichtig? Ihre Freundin sagt: „... sonst hast du aber anders gesprochen." Wie wird Effi vorher geredet haben?

Filmplakat *Effi Briest*
(Regie Rainer Werner
Fassbinder).

Wortschatz

1 Diese Wörter aus Kapitel 1 kannst du auch anders ausdrücken.

> Adel   seinen Abschied geben   um ihre Hand anhalten
> viel von jdm halten   stürmisch   e Verwaltung

Beispiel: *Er ist Beamter.   Er arbeitet in der Verwaltung*

a Er bittet sie, seine Frau zu werden.

....

b Er denkt, sein neuer Kollege ist sehr gut.

....

c In Preußen war die Aristokratie sehr wichtig.

....

d Die jungen Leute sind so wild.

....

e Er sagt, er will kein Soldat mehr sein.

....

2 Worträtsel zum zweiten Kapitel.

a B E S O N D E R E S

b B R I N G E N

c G E H E I M N I S

d V E T T E R

e S T Ü R M I S C H

f L I T E R

Lösung: ein Name

a Was nicht normal ist, ist etwas ...

b Dagobert kann Effi zum Lachen ...

c Das sage ich nicht, das ist ein ...

d Der Sohn meiner Tante ist mein ...

e Es gibt viel Wind, es ist ...

f Das Maß für Benzin und Wasser ist ...

Grammatik

1 Die wichtigste Vergangenheitsform in einem literarischen Text ist das Präteritum. Auch in den ersten Kapiteln von *Effi Briest* findest du viele Formen. Setze die folgenden Sätze ins Präteritum, eventuell mit Hilfe des Textes.

a   Sie steht sofort auf. *stand / gestanden*

b   Die Sonne scheint. *schien / geschienen*

c   Wir sitzen am Tisch. *saßen / gesessen*

d   Sie umarmt ihre Mutter. *umarmte / umarmt*

e   Woher kommt der junge Mann? *kam / gekommen*

f   Sie trägt ein langes Kleid. *trug / getragen*

g   Er kommt um sieben an. *kam*

Schreiben

1 Effi kennen wir jetzt schon recht gut. Wie sieht es in ihrem Kopf aus? Was denkt sie, wenn sie die Namen *Kessin* oder „*Innstetten*" hört? Was sind *Liebe* und *Männer* für sie? Sie schreibt die folgenden Wörter in ihr Tagebuch. Was schreibt sie daneben?

Dagobert ....

Kessin ....

mein Mann ....

Italien ....

Liebe ....

Männer ....

Sprechen

1 Stell dir vor, du bist Effis Tante und denkst, er ist nicht der Richtige. Was würdest du sagen? Und was würde Effis Mutter antworten?

2 Heute wäre ein von Innstetten nicht der ideale Heiratskandidat, oder?

Gemeinsamkeiten

▶▶▶ INTERNETPROJEKT ◀◀◀

Otto von Bismarck

Öffne die Website www.blackcat-cideb.com.

Gehe dann auf den Menüpunkt *Students*, danach auf *Lesen und Üben*. Suche dann den Titel des Buches und du bekommst die genaue Link-Angabe.

In *Effi Briest* taucht immer wieder der Name *Bismarck* auf. Otto von Bismarck war Politiker und eine der wichtigsten historischen Figuren im Deutschland des 19. Jahrhunderts.

Sammle nun mit Hilfe des Links Angaben zu seinem Leben:

a Geburt und Geburtsort

b Wie alt ist Bismarck, als er in ein Internat kommt?

c Mit wie viel Jahren macht er Abitur, was studiert er an welchen Universitäten?

d Wann und wen heiratet Bismarck? Hat er Kinder?

e Wie ist sein Privatleben vor der Heirat?

f Wann beginnt seine politische Karriere? Wann endet sie?

g Zu Ehren des Politikers hat man seinen Namen auch für Objekte benutzt, die eigentlich mit ihm nichts zu tun haben.

Nenne drei Beispiele:

h Fontane hat über Bismarck geschrieben. Wie heißt der Artikel?

Anton von Werner: Die Kaiserproklamation in Versailles am 8. Januar 1871.

Preußen in der
Bismarckzeit

Seit 1871 gibt es das Deutsche Reich. Es ist ein Bundesstaat, aber ein Land dominiert: Preußen. Zwei Drittel des Territoriums sind preußisch. Der preußische König wird 1871 Kaiser des Deutschen Reiches. Er heißt nun Kaiser Wilhelm I. Und der wichtigste Mann im Reich, Otto Fürst von Bismarck, ist auch ein Preuße. Auf dem Bild der Kaiserproklamation ist er der Mann in der weißen Uniform.
Preußen (zuerst: Brandenburg) war seit dem siebzehnten Jahrhundert immer größer geworden. Ein großes und diszipliniertes Heer (Militär) und eine moderne Verwaltung (Bürokratie) waren Preußens Stärke.
Noch heute spricht man von typisch preußischen Tugenden. Dazu gehören u.a. Bescheidenheit, Fleiß, Gehorsam, Geradlinigkeit, Härte gegen sich selbst, Pflichtbewusstsein, Pünktlichkeit, Sparsamkeit, Treue und Zuverlässigkeit.

Matthias Platzeck, 2006 Ministerpräsident von Brandenburg, plädierte in einer Rede dafür, sich in Politik und Gesellschaft auf positive preußische Tugenden zu besinnen, um Deutschland wieder voran zu bringen.

„Auch wenn es für manchen altmodisch klingt: Bewährte Grundeigenschaften wie Anständigkeit, Verläßlichkeit und Pflichterfüllung sollten in Deutschland wieder mehr Einzug halten"

Theodor Fontane lässt in seinem Roman *Der Stechlin* einen Offizier sagen: *„Dienst ist alles (...). Die wirklich Vornehmen gehorchen nicht einem Machthaber, sondern einem Gefühl der Pflicht. Was uns obliegt, ist nicht die Lust des Lebens, auch nicht einmal die Liebe, die wirkliche, sondern lediglich* only *die Pflicht. Es ist dies außerdem etwas speziell Preußisches."* quotation

In diesem Zitat erkennen wir auch Innstetten. Er war Soldat, nun ist er ein Landrat. Man denkt, dass er Karriere machen wird. „Bismarck und der Kaiser halten viel von ihm", sagt Effi, denn Innstetten ist fleißig. Außerdem ist er adelig, denn nur Adelige wurden in Preußen Offiziere und hohe Beamte. Nicht zu vergessen: Innstetten hat Jura studiert.

Konrad Siemenroth,
Otto von Bismarck berichtet Kaiser Wilhelm I.

1 **Fragen zum Text.**

a   Gibt es in deinem Land zu jener Zeit auch einen wichtigen Politiker?

b   Gibt es für dein Land typische Tugenden? Oder typische Laster?

KAPITEL 4

Fahrt nach Kessin

Mitte November war Innstettens Urlaub zu Ende. Am 14. waren sie in Berlin angekommen und waren dann mit dem Zug über Stettin nach Klein-Tantow gefahren. Von dort waren es noch zwei Meilen bis Kessin.

Das Wetter war gut. Auf dem Bahnhofsvorplatz stand Innstettens Kutsche[1].

Sie fuhren eine Chaussee[2] entlang. Bald kam man an einem Gasthaus vorbei.

Dort stand ein Mann, der einen Pelz trug. Respektvoll grüßte er den Landrat.

„Wer war denn das?" fragte Effi. „Er sah ja aus wie ein Russe. Auch wenn ich noch nie einen Russen gesehen habe."

„Das ist vielleicht auch besser so, Effi. Er ist wirklich ein halber Pole, und er tut immer so respektvoll, aber man darf ihm

---

1. **e Kutsche(n):** Wagen, der von Pferden gezogen wird.
2. **e Chaussee(n):** Straße, an deren Rand Bäume stehen.

nichts glauben."

„Er sah aber gut aus."

„Ja, gut aussehen tut er. Gut aussehen tun die meisten hier. Aber das ist auch das Beste, was man von ihnen sagen kann. Die Leute bei euch in Brandenburg sehen sicher nicht so gut aus, respektvoll sind sie auch nicht. Aber ihr Ja ist Ja und ihr Nein ist Nein. Hier ist alles unsicher. Aber du wirst von diesen Leuten nicht viel hören und sehen. Du wirst nur unsere Städter kennen lernen, unsere Kessiner sind ganz anders als die Leute hier vom Lande."

„Und warum das?"

„Hier auf dem Lande leben die Kaschuben, slawische Leute, die hier schon tausend Jahre und länger sitzen. Die Leute in den Städten an der Küste sind oft übers Meer hergekommen, und so findest du zwischen ihnen auch Menschen aus aller Welt."

„Das ist ja wunderbar, Geert. Eine ganz neue Welt, gar keine langweilige Kleinstadt. Vielleicht habt ihr da einen Neger, einen Türken, oder vielleicht sogar einen Chinesen."

„Auch einen Chinesen hatten wir. Jetzt ist er tot. Wenn du keine Angst hast, zeige ich dir sein Grab. Es liegt zwischen den Dünen¹. Es ist sehr schön und ein bisschen gruselig²."

„Ja, gruselig ist es, und ich möchte gern mehr davon wissen. Oder lieber nicht. Sonst kommt heute Nacht der Chinese an mein Bett."

„Das wird er nicht."

„Natürlich nicht! Habt ihr noch mehr fremde Leute in der Stadt? Bitte erzähl mir mehr davon. Aber nicht wieder was Gruseliges."

„Ja", lachte Geert, „der Rest ist, Gott sei Dank, ganz anders. Alles brave Leute, die vielleicht zu viel ans Geld denken. Aber sonst gemütlich. Am Fluss wohnt ein Herr Stedingk aus Schweden, danebem MacPherson, ein Maschinist aus Schottland. Und dann ist da noch unser guter alter Doktor Hannemann, der ist ein Däne."

„Das ist ja aber großartig, lieber Geert. Das ist ja wie sechs Romane. Das ist ja ganz apart³. Und dann müsste es in einer

---

1. e Düne(n): Sandhügel am Meer.
2. gruselig: macht Angst.
3. apart: interessant, exotisch (typisches Effi-Wort).

Seestadt doch auch Kapitäne geben, fliegende Holländer oder ..."

„Da hast du ganz Recht. Wir haben sogar einen Kapitän, der war Pirat in der Südsee. Jetzt hat er wieder die besten Formen und ist recht nett."

„Ein bisschen Angst hätte ich aber vor ihm."

„Du brauchst aber keine Angst zu haben, auch dann nicht, wenn du allein bist. Wir haben ja Gott sei Dank auch Rollo ..."

„Rollo?"

Das ist ein Neufundländer [1], ein wunderschöner Hund, der mich liebt und dich auch lieben wird. Denn er ist ein Menschenkenner. Wenn Rollo bei dir ist, bist du sicher, und niemand kann dir etwas tun, kein Lebendiger und kein Toter. Aber sieh mal den Mond, ist er nicht schön?"

Effi sah nach rechts, das Mondlicht fiel auf das dunkle Wasser. Sie antwortete wie im Traum: „Ja, du hast Recht, Geert, wie schön; aber es hat so was Unheimliches. In Italien habe ich nie diesen Eindruck [2] gehabt, auch nicht, als wir im Mondschein von Mestre nach Venedig fuhren. Was ist hier anders? Ist es das Nördliche?"

Innstetten lachte. „Wir sind hier nur fünfzehn Meilen nördlich von Hohen-Cremmen, nicht am Nordpol. Ich glaube, du bist nervös von der langen Reise und von der Geschichte mit dem Chinesen."

„Du hast mir keine Geschichte erzählt."

„Nein. Aber jetzt sind wir gleich da. Hinter der nächsten Kurve, da siehst du schon den Turm von Kessin oder richtiger beide. Wir haben jetzt auch eine katholische Kirche."

1. **r Neufundländer(=):** Hunderasse (groß).
2. **r Eindruck:** Impression.

KAPITEL 5

Effis neues Domizil

Das Haus des Landrats lag am anderen Ende der Stadt. Es war ein einfaches, etwas altmodisches Haus direkt an der Hauptstraße. Hinter dem Haus gab es einen kleinen Wald, der die „Plantage" hieß. Dahinter lagen die Dünen. Das Landratsamt [1] war auf der anderen Seite der Hauptstraße.

Alle standen vor dem Haus und warteten auf das Paar. Innstetten half Effi beim Aussteigen und grüßte die Wartenden freundlich. Dann ging er mit ihr an der Dienerschaft [2] vorbei ins Haus. Das Hausmädchen, eine hübsche, nicht mehr ganz junge Person mit blonden Haaren half Effi, den Mantel auszuziehen.

1. **s Landratsamt:** Haus mit den Büros des Landrats.
2. **e Dienerschaft:** alle Diener zusammen.

„Ich denke, es sind alle hier — nur Frau Kruse natürlich nicht, die lässt ihr schwarzes Huhn nicht allein. Dies hier ist Johanna, unser Hausmädchen. Sie kommt aus der Mark Brandenburg wie du. Und dies hier ist mein alter Friedrich, der schon mit mir auf der Universität war ... Nicht wahr, Friedrich, das waren Zeiten! Dies ist Christel. Sie kocht für uns, und ich kann dir sagen, sie kocht gut. Und dies hier ist Rollo. Nun, Rollo, wie geht's?"

Rollo stellte sich auf zwei Beine, legte die Vorderpfoten [1] auf Innstettens Schultern und bellte.

„Schon gut, Rollo, schon gut. Aber sieh da, das ist die Frau. Ich habe ihr von dir erzählt." Rollo setzte sich vor Effi hin und sah sie an.

Effi hatte schon Zeit gefunden, sich den Flur der Wohnung anzusehen. Es war sehr hell. Die Lampen waren etwas primitiv, große Schränke standen an der Wand, und an der Decke hingen ... ein großes altes Schiffsmodell, ein sehr großer Fisch und hinter dem Fisch...

„Was ist das, Geert? Das sieht aus wie eine große Zigarre vor einem Tabaksladen."

„Das ist ein junges Krokodil. Aber das kannst du dir morgen viel besser ansehen; jetzt komm und lass uns eine Tasse Tee nehmen. Dir war doch sicher kalt auf der Fahrt."

Das Hausmädchen und die Köchin gingen fort. Nur Friedrich und Rollo folgten den beiden in das Wohn- und Arbeitszimmer des Hausherrn. Auch dieses Zimmer fand Effi sonderbar, aber schon hatte Innstetten sie in ein zweites, größeres Zimmer geführt, von dem aus man den Garten sehen konnte. „Das, Effi, ist nun dein. Johanna und Friedrich haben es so gut eingerichtet [2], wie sie konnten. Ich finde es nicht schlecht und hoffe, es gefällt dir auch."

Sie gab ihm einen herzlichen Kuss. „Du bist so lieb zu mir! Der Flügel [3] und dieser Teppich, ich glaube, es ist ein türkischer! Und das Aquarium mit den Fischen und die Blumen. Das ist so lieb."

---

1. **e Pfote(n):** „Fuß" des Hundes (und der Katze).
2. **etw einrichten:** Möbel hinein stellen etc.
3. **r Flügel(=):** Klavier.

„Ja, meine liebe Effi. Das kann nicht anders sein, wenn man jung und hübsch und liebenswürdig [1] ist. Die Kessiner wissen das auch schon, Gott weiß woher. Die Blumen wenigstens sind nicht von mir. Friedrich, wo kommen die Blumen her?"

„Von unserem Apotheker [2] Gieshübler. ... Es liegt auch eine Karte bei."

„Ah ja, Gieshübler, Alonzo Gieshübler", sagte Innstetten. Er lachte und gab Effi die Karte mit dem exotischen Vornamen. „Von Gieshübler, das heißt, Doktor Gieshübler, aber er will nicht, dass man ihn so nennt. Von dem habe ich dir noch gar nicht erzählt. Du wirst ihn bald kennen lernen. Er ist wirklich ein Original, aber er liebt alles Schöne, und vor allem, er ist ein herzensguter Mensch, und das ist vielleicht das Wichtigste. Aber lassen wir das alles und setzen uns und nehmen unseren Tee. Wo soll es sein? Hier bei dir oder bei mir? Eine andere Möglichkeit gibt es nicht."

Sie setzte sich sofort aufs Sofa. „Heute bleiben wir hier, heute bist du bei mir zu Gast. Oder lieber so: den Tee bei mir, das Frühstück bei dir." Und sie lachte, näherte sich ihm und wollte ihm die Hand küssen.

„Nein, Effi, nicht so. Für dich möchte ich keine Respektsperson sein, das bin ich für diese Kessiner. Für dich bin ich ..."

„Nun was?"

„Das sage ich nicht."

1. **liebenswürdig:** so, dass man geliebt werden muss/freundlich.
2. **r/e Apotheker/in:** verkauft Medikamente.

KAPITEL **6**

Der erste Morgen

Es war schon hell, als Effi am anderen Morgen erwachte. Zuerst fand sie sich nicht zurecht [1]. Wo war sie? Richtig, in Kessin, im Hause des Landrats von Innstetten, und sie war seine Frau, Baronin von Innstetten. Sie setzte sich auf und sah sich um. Am Abend war sie zu müde gewesen, um sich alles genau anzusehen, was es hier Fremdes und Altmodisches gab. Grüne Vorhänge [2] trennten ihren Schlafraum vom Rest des Zimmers. Dunkle, hohe Möbel standen dort und ein schwarzer Ofen. Sie fühlte seine Wärme. Wie schön es doch war, zu Hause zu sein; so ruhig und zufrieden war sie während der ganzen Reise nicht gewesen, nicht einmal in Sorrent.

Aber wo war Innstetten? Alles war still. Sie klingelte.
Johanna kam sofort. „Gnädige Frau?"

---

1. **sich zurechtfinden:** sich orientieren können.
2. **r Vorhang("e):** hängt oft vor dem Fenster.

„Ach, Johanna, ich glaube, ich habe verschlafen [1]. Es muss schon spät sein."

„Es ist neun Uhr."

„Und der Herr ... ich meine, mein Mann? Er muss sehr leise gewesen sein, ich habe nichts gehört."

„Das ist er ganz sicher. Und gnädige Frau wird fest geschlafen haben. Nach der langen Reise ..."

„Ja, das habe ich, und der Herr, steht er immer so früh auf?"

„Immer, gnädige Frau, da ist er streng [2].

Er kann das lange Schlafen nicht leiden. Und wenn er aufsteht, muss der Ofen warm sein, und auch auf den Kaffee darf man ihn nicht warten lassen."

„Da hat er also schon gefrühstückt?"

„O nein, gnädige Frau ... der gnädige Herr ..."

Effi fühlte, dass sie das nicht hätte fragen sollen. Sie stand auf und sagte energisch: „Der Herr hat natürlich ganz Recht. Immer früh auf, das war auch die Regel im Hause meiner Eltern. Wo die Leute am Morgen schlafen, gibt es den ganzen Tag keine Ordnung mehr. Aber der Herr wird heute mit mir nicht so streng sein. Ich habe auch nicht gut geschlafen, ich hatte ein wenig Angst."

„Was ich hören muss, gnädige Frau! Was war es denn?"

„Es war über mir. Es war, als würde dort oben jemand tanzen, aber ganz leise."

Johanna sah Effi an. „Ja, das ist oben im Saal. Aber mit der Zeit hört man es nicht mehr."

„Gibt es da oben denn etwas Besonderes?"

---

1. **verschlafen:** zu lange schlafen.
2. **streng:** rigoros.

„Um Gottes willen, gar nichts. Am Anfang wusste man nicht, woher es käme. Nun aber wissen wir, dass es die Gardinen [1] sind. In dem alten Saal lassen wir immer die Fenster auf, weil die Luft so schlecht ist. Da hört man die Gardinen im Wind über den Boden streichen. Da denkt man leicht, es tanzte jemand."

„Aber warum nimmt man dann die Gardinen nicht ab, oder macht sie kürzer? Es ist so ein sonderbares Geräusch [2], das einem auf die Nerven fällt. Nun werde ich zu ihm gehen. Er ist doch noch da?"

„Der gnädige Herr war schon auf dem Amt, aber seit einer Viertelstunde ist er zurück."

Effi ging über den Flur in Geerts Zimmer.

Dieser saß an seinem alten, schweren Schreibtisch, den er von seinen Eltern hatte. Effi umarmte ihn von hinten und küsste ihn, bevor er aufstehen konnte.

„Schon?"

„Schon, sagst du. Natürlich, du nimmst mich auf den Arm [3]. Auf der Reise habe ich dich morgens nie warten lassen. Es ist wahr, ich bin nicht sehr pünktlich, aber ich bin keine Langschläferin."

Friedrich brachte den Kaffee. Der Frühstückstisch stand vor einem kleinen Sofa. Hier setzten sie sich.

„Wie gut der Kaffee ist!" sagte Effi, während sie sich im Zimmer umsah. „Das ist der Kaffee aus Florenz, weißt du noch, mit Blick auf den Dom. Das muss ich der Mama schreiben,

---

1. **e Gardine(n):** Vorhang.
2. **s Geräusch(e):** was man hört.
3. **jdn auf den Arm nehmen:** sich lustig machen über jdn.

solchen Kaffee haben wir in Hohen-Cremmen nicht. Und auch diese Wohnung, ich sehe erst jetzt, wie vornehm [1] ich geheiratet habe. Und nun sage mir, wie leben wir hier? Habt ihr denn in eurem ‚guten Kessin' Leute von Familie?"

„Nein, meine liebe Effi. In der Nähe haben wir ein paar Adelige, die du kennen lernen wirst, aber hier in der Stadt ist gar nichts."

„Gar nichts? Das kann ich nicht glauben. Hier wohnen doch bis zu dreitausend Menschen, da muss es doch auch noch eine Elite geben, Honoratioren [2] oder so etwas."

Innstetten lachte. „Ja, Honoratioren, die gibt es schon. Einen Hafenkommandanten und einen Rektor. Gute Menschen und schlechte Musikanten. Und was dann noch bleibt, das sind nur Konsuln."

„Nur Konsuln. Aber Geert, ein Konsul ... Brutus war doch ein Konsul."

„Ja, Brutus war ein Konsul, aber unsere Konsuln sind ganz anders: sie kaufen und verkaufen Zucker oder Kaffee."

„Nicht möglich."

„Aber sicher. Holländischer oder portugiesischer Konsul, das wird man schnell. Es gibt so viele Konsuln hier wie Diplomaten in Berlin."

„Aber wenn ich da an Hohen-Cremmen denke ... es hat alles so etwas Fremdländisches hier. Schon das Schiff da im Flur, und das Krokodil dahinter, und hier dein Zimmer. Alles so orientalisch. Und dann oben der Saal mit den offenen Fenstern ..."

---

1. **vornehm:** elegant (reich).
2. **r Honoratior(en):** wichtige Leute (die studiert haben).

„Was weißt du denn von dem Saal, Effi?"

„Nichts. Nur heute Nacht habe ich eine Stunde lang nicht schlafen können, es war, als würde dort jemand tanzen, ich glaubte auch Musik zu hören. Aber alles ganz leise. Und Johanna sagte mir, das seien die langen Gardinen da oben im Saal. Ich denke, wir lassen die Gardinen kürzen, oder die Fenster schließen, es ist ja auch schon November."

Innstetten antwortete nicht sofort. Er schien unsicher.

„Da hast du Recht, Effi. Es muss ja nicht sofort sein. Vielleicht ist es auch ein Wurm [1] im Holz oder eine Maus. Du kennst das Haus ja auch noch gar nicht. Ich denke, ich zeige dir erstmal alles."

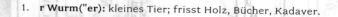

1.   **r Wurm("er):** kleines Tier; frisst Holz, Bücher, Kadaver.

KAPITEL 7

Führung durch das Haus

Die Führung begann in der Küche, wo eine Frau saß, die ein schwarzes Huhn auf den Knien hatte. „Das ist unsere Frau Kruse", erklärte Innstetten. Dann gingen sie zusammen in den hinteren Teil des Hauses, wo die Bedientenzimmer, die Kutscherwohnung für Familie Kruse, der Pferdestall und die Wagenremise waren. „Interessant. Recht modern, nur ein bisschen dunkel", meinte Effi, aber am meisten interessierte sie doch die obere Etage[1].

Als sie endlich hinauf gingen, schien auch hier erst alles sehr dunkel, aber oben war es dann sehr hell, weil es zwei große Fenster gab. Auf der einen Seite sah man die letzten Häuser der Stadt und die ‚Plantage', auf der anderen den Fluss Kessin. Effi gefiel die Aussicht[2] sehr.

---

1. **e Etage(n):** s Stockwerk.
2. **e Aussicht(en):** Panorama.

„Ist das nicht schön, Geert?"

„Ja, sehr schön", hatte Innstetten nur kurz geantwortet, und sofort eine große Doppeltür geöffnet, die in den „Saal" führte. Dieser lief durch die ganze Etage. Vorder- und Hinterfenster waren geöffnet, die Gardinen bewegten sich im Wind hin und her. Der große Kamin, die alten Lampen an der Wand, das alles war schon lange nicht mehr geputzt worden.

„Wie traurig. Und das ist alles?" fragte Effi. „Und die Zimmer auf der anderen Seite des Flurs?"

„Da gibt es noch weniger zu sehen", hatte Innstetten gemeint, aber doch die Türen geöffnet. Vier Zimmer gab es dort. Sie waren leer, nur in einem Zimmer gab es drei alte Stühle, und auf einem von ihnen lag ein kleines Bild.

Effi nahm es in die Hand: Es war das Bild eines Chinesen mit blauer Jacke, gelben Hosen und einem großen Hut.

„Was macht der Chinese hier?" fragte sie.

„Ach", antwortete Innstetten langsam, „der Chinese? Ja — das Bild wird Johanna hier liegen gelassen haben, oder Christel. Du kannst sehen, es ist aus einem Lesebuch für Kinder. Dummheiten."

Das fand Effi auch.

Dann hatte sie noch einmal in den Saal geschaut und gefragt, warum das alles leer stehen müsse. „Wir haben unten ja nur drei Zimmer, und wenn uns wer besucht, wird es schwierig. Meinst du nicht, dass man aus dem Saal zwei hübsche Gästezimmer machen könnte? Das wäre was für Mama. Hinten der Blick auf den Fluss, vorne auf die Stadt. In Hohen-Cremmen gibt es so etwas nicht zu sehen."

Innstetten sagte nur: „Alles ganz gut. Aber es ist am Ende besser, wir logieren sie im Landratsamt ein [1], da steht auch die ganze erste Etage leer, und sie ist noch mehr für sich [2]."

---

1. **einlogieren**: wohnen lassen, unterbringen.
2. **mehr für sich sein**: ungestört.

KAPITEL 8   Besuch von Gieshübler

Innstetten war aufs Amt gegangen, und Effi hatte ein wenig  Toilette gemacht. Innstetten hatte sie darum gebeten: „Für unseren Freund Gieshübler. Wie ich ihn kenne, kommt er um elf oder spätestens um zwölf, um dir seinen Respekt devotest zu Füßen zu legen. So spricht er nämlich. Er wird dein Freund werden, da bin ich mir ganz sicher."

Effi dachte an den Chinesen, als Friedrich kam und ihr sagte, dass Apotheker Gieshübler da sei.

„Ich lasse sehr bitten."

Effi war aufgeregt [1]. Es war das erste Mal, dass sie die Rolle der Hausfrau und ersten Frau der Stadt zu spielen hatte.

Friedrich öffnete die Tür und Gieshübler kam herein. Er war ein kleiner Mann mit schiefen [2] Schultern, der einen kurzen

---

1. **aufgeregt:** nervös.
2. **schief:** nicht gerade.

Pelzmantel und einen hohen Zylinder trug. Er küsste ihr die Hand.

„Mein Mann ist leider auf dem Amt, aber er kann jeden Moment zurück sein."

Sie bat ihn, in einem der Sessel Platz zu nehmen, und setzte sich selbst auf das Sofa.

„Sie haben mir gestern durch die schönen Blumen und Ihre Karte eine große Freude gemacht. Ich habe mich sofort nicht mehr als eine Fremde gefühlt, und Innstetten sagte, wir würden sicher gute Freunde sein."

„Sagte er so? Der gute Herr Landrat. Ja, der Herr Landrat und Sie, gnädige Frau, da sind, das bitte ich sagen zu dürfen, zwei liebe Menschen zusammengekommen. Denn wie Ihr Herr Gemahl[1] ist, das weiß ich, und wie Sie sind, meine gnädige Frau, das sehe ich."

„Wenn Sie mich nur nicht mit zu freundlichen Augen sehen. Ich bin so sehr jung. Und Jugend ..."

„Ach, meine gnädigste Frau, sagen Sie nichts gegen die Jugend. Die Jugend ist auch in ihren

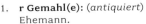

1. **r Gemahl(e):** (*antiquiert*) Ehemann.

Fehlern [1] noch schön und liebenswürdig und das Alter ... hat oft die Moral auf seiner Seite, aber besser ist es doch nicht. Persönlich bin ich eigentlich nie jung gewesen. Leute wie ich sind nie jung. Man hat Angst, eine Dame zum Tanzen zu bitten, und so gehen die Jahre hin, und man wird alt, und das Leben war arm und leer."

Effi gab ihm die Hand. „Ach, Sie dürfen so etwas nicht sagen. Wir Frauen sind gar nicht so schlecht."

„Oh, nein ... sicher nicht."

„Und dann Ihr Name ... öffnet uns eine ganz neue Welt. Alonzo, möchte ich sagen dürfen, ist ein romantischer Name, ein Preziosa-Name."

Gieshübler lächelte glücklich. Er hätte ihr gern sofort eine Liebeserklärung gemacht. Aber das ging natürlich nicht. So stand er auf, suchte nach seinem Hut, den er zum Glück sofort fand, und ging nach mehreren Handküssen fort, ohne etwas zu sagen.

1. **r Fehler(=):** was man falsch macht.

KAPITEL 9

Einführung
in die Gesellschaft

Eine halbe Woche hatte Innstetten ihr noch Zeit gegeben, sich in ihrem neuen Hause einzuleben [1]. Dann waren Besuche zu machen, erst bei den wichtigen Leuten in der Stadt, dann beim Landadel. Tag für Tag fuhren sie aus der Stadt, damit Effi die Borckes, die Morgnitz, die Dabergotz, die Grasenabbs kennen lernte. Mittelmäßige [2] Menschen, deren Liebenswürdigkeit falsch war. Sie sprachen über Bismarck und die Kronprinzessin, während sie Effis Garderobe kontrollierten. „Zu prätentiös", sagten die einen, „zu wenig dezent", die anderen. Man sehe, dass sie aus Berlin komme. Auch bei religiösen Fragen sei sie zu unsicher. „Zu rationalistisch!" und Sidonie von Grasenabb, eine dreiundvierzigjährige alte Jungfer, urteilte kategorisch: „Eine Atheistin!"

1. **sich einleben:** sich gewöhnen.
2. **mittelmäßig:** Standard, nichts Besonderes.

Ihre Mutter, sah Effi nicht so kritisch und meinte, sie sei eine Deistin, aber Sidonie ließ sie nicht einmal zu Ende sprechen: „Ich sage dir, Mutter, eine Atheistin. Nicht mehr und nicht weniger."

Effi war froh, als Innstetten nach zweiwöchiger Tournee eines Abends sagte: „So, das war der letzte Besuch."

„Gott sei Dank, jetzt haben wir endlich Ruhe. Zur Feier könntest du mir einen Kuss geben."

„Lass, ich werde mich schon bessern. Doch möchte ich von dir jetzt gern wissen, wie unser gesellschaftliches Leben hier aussehen soll. Hat dir jemand besonders gut gefallen? Die Borckes vielleicht oder die Grasenabbs? Auch die Konversation mit dem alten Güldenklee auf Papenhagen war doch sehr interessant, oder?"

Innstetten hatte mit dem alten Güldenklee stundenlang über Politik sprechen müssen, über Gott, Preußen und Louis Napoleon.

„Ach, Herr von Innstetten kann auch ironisch sein. Ich lerne Sie von einer ganz neuen Seite kennen."

„Und wenn du unsern Adel nicht magst", sprach Innstetten weiter, „wie stehst du zu den Kessiner Honoratioren? zu unseren Offizieren? Kurz, Effi, wie wird es werden in Kessin? Wirst du dich einleben? Wirst du populär werden? Oder bist du für Einsiedlertum [1]?"

„Ich glaube, ich bin wirklich fürs Einsiedlertum. Wer weiß, was Sidonie von Grasenabb dazu sagt. Aber wir haben ja unseren Apotheker. Es scheint vielleicht komisch, aber er ist wirklich der einzige, mit dem sich ein Wort reden lässt, der einzige richtige Mensch hier."

„Das ist er", sagte Innstetten. „Wie gut du die Menschen kennst."

„Hätte ich sonst dich?" sagte Effi und umarmte ihn.

---

1. **r Einsiedler(=):** r Eremit.

Textverständnis

1 **Was ist richtig (R), was ist falsch (F)?**

		R	F
a	Effi hat gut geschlafen.	☐	☐
b	Innstetten ist schon zur Arbeit gegangen.	☐	☐
c	Er frühstückt mit Effi zusammen.	☐	☐
d	Effi entschuldigt sich, weil sie nie pünktlich ist.	☐	☐
e	Sie hat in der Nacht etwas gehört.	☐	☐
f	Innstetten meint, dass sie vielleicht nicht die Gardinen gehört hat.	☐	☐
g	Effi findet das ganze Haus gruselig.	☐	☐
h	Innstetten hat moderne, helle Möbel.	☐	☐
i	In der unteren Etage ist es dunkler als oben.	☐	☐
j	Oben gibt es fünf Räume.	☐	☐
k	Effi findet die obere Etage schön.	☐	☐
l	Innstetten möchte, dass Effis Mutter im selben Haus wohnt.	☐	☐
m	Im Saal liegt ein Foto von einem Ausländer.	☐	☐
n	Frau Kruse sitzt allein in der Küche.	☐	☐

2 **Beantworte die Fragen.**

a   Wie ist das Wetter?
b   Worüber spricht Innstetten mit den anderen Adeligen?
c   Worüber sprechen die Damen?
d   Wen findet Effi nett? Wen unsympathisch?

3 Und immer mehr Leute ...
Auch Innstetten, über dessen Familie wir nichts wissen, lebt nicht allein. In diesem Kapitel hast du seine Dienerschaft kennen gelernt. Ordne jedem Namen eine passende Ergänzung zu.

a ☐ Christel   1 fährt die Kutsche.
b ☐ Herr Kruse   2 ist tot.
c ☐ Frau Kruse   3 kennt Innstetten schon lange.
d ☐ Gieshübler   4 ist noch hübsch.
e ☐ Der Chinese   5 hat ein schwarzes Huhn.
f ☐ Johanna   6 kocht.
g ☐ Friedrich   7 ist sehr nett.

Wortschatz

1 Die folgenden Wörter aus Kapitel 4, 5 und 6 sind nicht komplett — was fehlt?

a | S | T | R | E | | |
b | D | Ü | | |
c | V | E | R | | C | H | L | | | |
d | A | | A | | T |
e | V | O | R | N | | H | |
f | E | I | | R | I | C | | | | |
g | G | R | | | E | L | | G |
h | K | U | | S | | | |

Lösung: etwas zum Gruseln

▶▶▶ INTERNETPROJEKT ◀◀◀

Swinemünde

Öffne die Website www.blackcat-cideb.com.
Gehe dann auf den Menüpunkt *Students*, danach auf *Lesen und Üben*. Suche dann den Titel des Buches und du bekommst die genaue Link-Angabe.

Effi und Instetten leben nun in Kessin. Diesen Ort gibt es in Wirklichkeit nicht. Das Modell war der Badeort Swinemünde im heutigen Westpommern, wo Fontane von 1827 bis 1832 gelebt hat.

a In welchem Land liegt Swinemünde heute und wie heißt die Stadt?

b Seit wann gehört Swinemünde nicht mehr zu Deutschland?

c Swinemünde war Anfang des 20. Jahrhunderts ein berühmtes Seebad. Wieviel Badegäste wurden 1928 gezählt.

d Wieviel Einwohner hatte Swinemünde 1931? Und heute?

e Welche Sehenswürdigkeiten gibt es in Swinemünde?

f Welche Städtepartnerschaften hat Swinemünde?

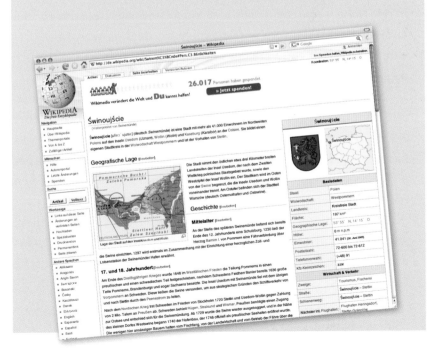

KAPITEL 10

Ein Abend allein

Mitte Dezember erfuhren [1] sie, dass Bismarck auf seinem Schloss in der Nähe von Kessin war, und Innstetten wusste, dass für ihn bis Weihnachten an Ruhe nicht mehr zu denken war. Der Fürst *prince* kannte ihn noch von Versailles her und lud ihn oft zu Tisch. Auch die Fürstin mochte ihn.

Die erste Einladung war für den 14. Dezember. Es lag Schnee, und Innstetten wollte mit dem Schlitten [2] fahren. Die Fahrt würde etwa drei Stunden dauern. „Warte nicht auf mich, Effi. Es kann zwei Uhr werden oder noch später. Ich störe dich aber nicht. Lass es dir gut gehen und auf Wiedersehen bis morgen früh." Und schon war er auf dem Schlitten davongefahren.

Das war die erste lange Trennung, fast für zwölf Stunden. Arme Effi. Was sollte sie am Abend machen? Früh zu Bett, das war nicht gut, denn dann wachte sie auf und hörte die Geräusche *noise*

1. **erfahren:** hören.
2. **r Schlitten(=):** fährt auf Schnee und Eis.

aus dem Saal. Nein, erst richtig müde werden und dann fest schlafen, das war das Beste. Sie schrieb an die Mama und ging dann zu Frau Kruse, die wie immer mit ihrem schwarzen Huhn in der Küche saß. Effi wollte nett zu ihr sein, aber die Frau antwortete nicht, saß nur da und sah geradeaus. Effi ging bald wieder und fragte nur, ob die Kranke etwas haben wolle. Sie wollte nichts.

Es war schon dunkel, als Effi in ihr Zimmer zurückkam. Sie stellte sich ans Fenster und sah auf das Wäldchen, auf dessen Bäumen Schnee lag. Friedrich hatte schon den Tisch gedeckt. „Ja so, Abendbrot ... da muss ich mich wohl setzen." Aber es wollte nicht schmecken, und so stand sie wieder auf und las den Brief noch einmal durch, den sie an die Mama geschrieben hatte. Hatte sie sich schon vorher allein gefühlt, war sie es jetzt doppelt. „Lieber lesen." Und so suchte sie nach einem Buch. Das erste, was ihr in die Hände kam, war ein alter Reiseführer. „Ja, das ist beruhigend." Rollo war hereingekommen und hatte sich vor dem Schlafraum auf den Boden gelegt. In seiner Nähe fühlte sie sich sicherer. Sie begann zu lesen: *In der Eremitage von Bayreuth gibt es noch ein besonders interessantes Bild. Es ist ein Porträt einer Adeligen aus dem fünfzehnten Jahrhundert, die auch die,weiße*

Frau' genannt wird, und die noch heute manchmal in der Eremitage erscheint [1]. Als Napoleon hier wohnte, soll sie eines Nachts ...

„Das ist wohl doch nicht die richtige Lektüre", dachte Effi und legte das Buch weg. In diesem Moment kam Friedrich herein, um den Tisch abzuräumen.

„Wie spät ist es, Friedrich?" fragte sie ihn.

„Kurz vor neun, gnädige Frau."

„Gut. Schicken Sie mir Johanna."

„Sofort, gnädige Frau."

„Gnädige Frau?"

„Ja, Johanna. Ich will zu Bett gehen. Es ist noch früh, aber ich bin so allein. Bitte, gehen Sie erst den Brief einwerfen, und wenn Sie wieder da sind, dann wird es wohl Zeit sein."

Johanna ging zum nächsten Briefkasten, kam aber nicht sofort zurück. „Entschuldigen Sie, gnädige Frau", sagte sie, als sie endlich ins Zimmer kam, „aber ich habe die Nachbarin getroffen. Man freut sich doch immer, wenn man einen Menschen trifft. Es ist so still hier."

„Ja", sagte Effi, „still ist es, und ich denke oft an meine Freundinnen zu Hause. Manchmal möchte ich hier weg, und dann ... habe ich solche Angst."

„Ach, gnädige Frau, das wird schon. Angst hatten wir hier alle."

„Die hattet ihr alle? Was soll das heißen?"

„... und wenn die gnädige Frau Angst hat, kann ich auch hier auf dem Sessel schlafen, bis der gnädige Herr wieder da ist."

---

1. **erscheinen:** plötzlich da sein.

„Ach nein, das geht nicht. Der Herr darf nicht wissen, dass ich Angst habe. Und dann habe ich ja auch Rollo."

Effi legte sich ins Bett. Sie wollte in Gedanken ihre Hochzeitsreise rekapitulieren, aber sie kam nur bis Verona, da fielen ihr schon die Augen zu.

Mitten in der Nacht aber wachte sie mit einem lauten Schrei auf. Sie hörte Rollo bellen [1]. Die Tür zum Flur sprang auf. Ihr Herz stand still, aber dann legte Rollo seinen Kopf auf ihre Hand, und sie beruhigte [2] sich. Eine halbe Minute später kam Johanna.

„Gnädige Frau, Sie haben geträumt."

„Ja, geträumt ... aber da war etwas."

„Was denn, gnädige Frau?"

„Etwas ging an meinem Bett vorbei. Ich mag es nicht sagen, Johanna, aber ich glaube, es war der Chinese."

„Der von oben?" und Johanna versuchte zu lachen. „Das ist doch nur ein Bild, das Christel und ich dort oben auf den Stuhl gelegt haben. Es war nur ein Traum, gnädige Frau."

„Ich möchte es glauben. Aber Rollo hat auch etwas gesehen, und die Tür sprang auf. Ach, wenn ich doch jemanden hier hätte ..."

1. **bellen:** „wau wau".
2. **sich beruhigen:** ruhig werden.

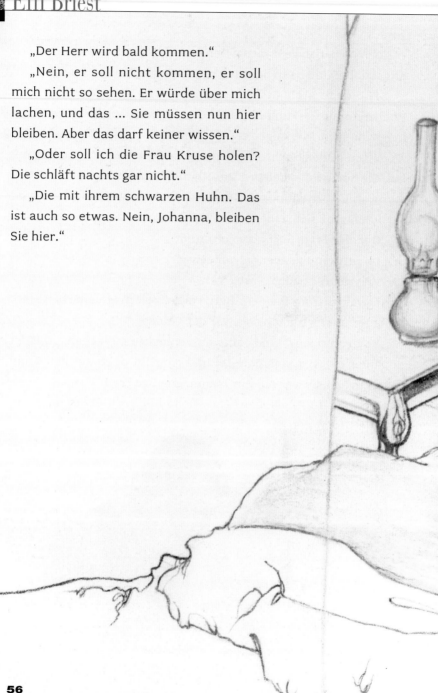

„Der Herr wird bald kommen."

„Nein, er soll nicht kommen, er soll mich nicht so sehen. Er würde über mich lachen, und das ... Sie müssen nun hier bleiben. Aber das darf keiner wissen."

„Oder soll ich die Frau Kruse holen? Die schläft nachts gar nicht."

„Die mit ihrem schwarzen Huhn. Das ist auch so etwas. Nein, Johanna, bleiben Sie hier."

KAPITEL 11

Schlittenfahrt

Innstetten war erst um sechs Uhr zurückgekommen und hatte sich in seinem Zimmer aufs Sofa gelegt. Um neun war er wieder aufgestanden. Er rief Friedrich zu sich.

„Das Frühstück, Friedrich."

„Die gnädige Frau schläft noch."

„Sie schläft noch? Ist etwas passiert?"

„Ich weiß es nicht; ich weiß nur, Johanna hat über Nacht bei der gnädigen Frau im Zimmer bleiben müssen."

„Gut, dann schicken Sie mir Johanna."

Johanna kam und erzählte ihm von Effis Traum.

„Und wer soll da durchs Zimmer gegangen sein?"

„Der von oben."

„Unsinn. Immer wieder der Chinese. Davon will ich nichts mehr hören. Und die Frau, schläft sie noch?"

„Ja, gnädiger Herr."

„Das ist nicht gut. Zu viel schlafen ist nicht gesund. Wir müssen sie wecken."

Eine halbe Stunde später kam Effi. Sie ging schnell auf Innstetten zu, umarmte und küsste ihn. „Ach, Geert, Gott sei Dank, du bist endlich da. Du darfst mich nicht wieder allein lassen."

„Meine liebe Effi, soll ich der Fürstin sagen: Ich kann nicht kommen, meine Frau ist so allein?"

„Du hast Recht. Das geht nicht. Und dann müssen wir ja auch an die Karriere denken. Aber was meinst du, wir brauchen doch nicht in diesem Haus zu bleiben, in dem Haus mit dem ...."

„... Chinesen, willst du sagen. Du meinst den Mann, von dem du das Bild gesehen hast?"

„Also gibt es hier etwas! Und dann das Krokodil, es ist alles so unheimlich hier."

„Aber Effi, ich bin hier Landrat. Sollen die Leute sagen: Er verkauft sein Haus, weil seine junge Frau Angst vor einem Chinesen hat? Wie sollen sie da Respekt vor mir haben?"

„Als ich dich sah, dachte ich, nun werde ich frei von meiner Angst. Und du? Denkst nur daran, was die Leute oder der Fürst sagen könnten."

In diesem Augenblick kam Friedrich herein und brachte einen Brief. „Von Herrn Gieshübler. Sein Bote wartet auf Antwort."

Als sie den Namen „Gieshübler" hörte, fühlte Effi sich sofort besser. Sie machte den Brief auf und las. Er lud sie „respektvollst" für den Abend zu sich nach Hause ein.

„Nun", sagte Innstetten, „ja oder nein?"

„Natürlich ja. Da werde ich auf andere Gedanken kommen. Und dann kann ich doch die erste Einladung unseres lieben Gieshübler nicht ablehnen."

„Also gut. Aber ganz hast du die Nacht wohl noch nicht vergessen. Was meinst du, das Wetter ist gut, es ist frisch und milde zugleich, sollten wir nicht eine Spazierfahrt machen?

Natürlich im Schlitten!"

Effi nahm seine Hand. „Wie gut du bist, Geert, und wie geduldig. Du findest mich sicher sehr kindisch [1]— und nun sage mir, wo fahren wir hin?"

„Ich habe mir gedacht, zur Bahnstation, aber nicht auf direktem Wege, und dann auf der Chaussee zurück. Und auf der Station essen wir, im Gasthaus *Zum Fürsten Bismarck*. Goldowski ist vielleicht kein guter Mensch, aber kochen kann er. Dann kann ich mit ihm über Politik sprechen, der Mann ist wichtig für mich."

Auf den Hausdächern lag Schnee. Es war windstill. Sie fuhren unter den Bäumen am Friedhof durch, Schnee fiel auf Effis Decke. Auf der anderen Seite des Wegs war ein kleiner Platz, auf dem ein Bäumchen stand.

„Liegt da auch jemand?" fragte Effi.

„Ja. Der Chinese."

„Oh Gott. Unserer?"

„Ja, unserer. Auf den Friedhof durfte er nicht. Er war ja kein Christ. Kapitän Thomsen hat diese Stelle für ihn gekauft und da liegt er nun. Es liegt auch ein Stein da. Alles natürlich vor meiner Zeit. Aber die Leute sprechen noch immer darüber."

„Also gibt es ihn doch. Es wird das Beste sein, ich höre, was es ist."

„Bravo, Effi. Ich wollte nicht davon sprechen. Aber jetzt ... ist es besser so, und es ist auch gar nichts Besonderes."

„Fang nur an!"

„Der Anfang ist immer das schwerste, auch bei Geschichten. Nun, ich denke, ich beginne mit Kapitän Thomsen ...

---

1. **kindisch:** infantil.

KAPITEL 12

Brief an die Mutter

Kessin, 31. Dezember

Meine liebe Mama!

Das wird nun wohl ein langer Brief werden, denn ich habe lange nichts mehr von mir hören lassen. Jetzt liegen die Weihnachtstage schon weit zurück. Wie gern hätte ich Euch hier bei mir gehabt.

Obwohl ich doch froh und glücklich sein sollte, weine ich sogar manchmal ein bisschen. Innstetten darf das nicht wissen. Aber bald werde ich mich nicht mehr allein fühlen. Der Arzt hat mir gesagt, es sei jetzt sicher, und Innstetten zeigt mir jeden Tag, wie sehr er sich darüber freut. Wie glücklich ich selber darüber bin, brauche ich dir nicht zu sagen. Endlich werde ich Leben um mich her haben, oder, wie Geert sagt, ,ein liebes Spielzeug ¹'. Ich bin doch selbst noch fast ein Kind.

Ich denke, in den ersten Julitagen wird es soweit sein. Dann musst Du kommen, oder besser, wenn ich wieder auf den Beinen bin,

---

1. **s Spielzeug:** etwas zum Spielen.

dann komme ich zu Euch. Ach, wie ich mich darauf freue. Auch das Kind wird fühlen, dass es dort zu Hause ist. Sicher findest Du es sonderbar, liebe Mama, dass ich Dich nicht nach Kessin einlade, das Badegäste hat und Schiffe und sogar ein Dünenhotel. Doch unser landrätliches Haus ist eigentlich kein richtiges Haus, sondern nur eine Wohnung für zwei Menschen, und wir haben nicht einmal ein Esszimmer. Im ersten Stock gibt es noch einen großen Saal und vier kleine Zimmer, aber sie stehen leer. Du wirst sagen, man könnte das leicht ändern. Aber es ist nicht zu ändern; denn das Haus, das wir bewohnen, ist ein Spukhaus [1]; jetzt weißt Du's. Innstetten würde sich sehr ärgern, wenn er wüsste, dass ich Dir davon geschrieben habe. Ich hätte es auch nicht getan, denn seit vielen Wochen bin ich nicht mehr gestört worden. Aber Johanna sagt, es kommt wieder, wenn eine neue Person ins Haus kommt. Da kann ich Dich doch schlecht einladen. Ich will auch nichts darüber schreiben. Es ist eine Geschichte von einem alten Kapitän, der Chinafahrer war, und seiner Enkelin, die mit einem jungen Kapitän kurze Zeit verlobt war und an ihrem Hochzeitstag plötzlich verschwand [2]. Das ginge ja noch. Aber was wichtiger ist, ein junger Chinese, den ihr Vater aus China mit zurückgebracht hat, ein Freund des Alten, ist kurze Zeit später gestorben. Sein Grab liegt neben dem Friedhof. Wenn ich mit der Kutsche dort vorbeifahre, habe ich Angst, ich sehe ihn auf dem Grab sitzen. Denn ach, meine liebe Mama, gesehen habe ich ihn, als ich nachts allein zu Hause war. Es war schrecklich. Und in so ein Haus soll ich dich einladen? Und Innstetten hat auch nicht sehr schön

---

1. **r Spuk:** Geister von toten Chinesen und ähnliche übernatürliche Phänomene.
2. **verschwinden:** nicht mehr da sein.

reagiert. Erst sagte er, ich solle darüber lachen. Aber dann scheint es wieder, er glaube selbst ein bisschen an den Spuk. Von Spuk spricht auch unsere Kutschersfrau, die immer bei ihrem schwarzen Huhn sitzt. Schon das könnte einem Angst machen. Und nun weißt du, warum ich kommen will.

Heute Abend haben wir Silvesterball. Ich werde vielleicht tanzen. Der Arzt meint, das wäre gut für mich. Innstetten hat es mir auch erlaubt. Und nun grüße und küsse Papa und die anderen Lieben.

Alles Gute zum Neuen Jahr.

Deine Effi

Der Silvesterball hatte bis in den frühen Morgen gedauert. Effi hatte im Mittelpunkt gestanden, aber auch hier keine Freunde gefunden, so dass nach Silvester alles beim Alten blieb. Manchmal wurden sie von den adligen Nachbarsfamilien besucht und mussten dann Gegenbesuche machen. „Ja, Geert, wenn es sein muss", sagte Effi jedes Mal. „Aber ich langweile mich zu Tode." Und so wäre es ein sehr trauriger Winter geworden, wenn Gieshübler nicht gewesen wäre. Fast täglich ließ er ihr Zeitungen, Obst, Schokolade oder auch eine schöne Blume bringen, oder er kam selbst, um ein Stündchen mit der jungen Dame zu plaudern[1]. Ihr Mann war lieb und gut, aber wenn es dunkel wurde, zog er sich in sein Zimmer zurück, um noch ein wenig zu arbeiten und ließ Effi mit dem Hund allein. Wenn sie dann um neun zusammen Tee tranken, las Innstetten ihr aus der Zeitung vor und sprach über Bismarck.

1. **plaudern:** angenehme Konversation machen.

KAPITEL **13**

Frühling, Crampas und Geburt von Annie

So kam es, dass Effi im April ihrer Mutter schrieb:

Weißt du, Mama, dass mir manchmal unser Chinese fehlt? Würde er nur wiederkommen, das wäre wenigstens etwas. Aber es wird draußen langsam grün und ich freue mich schon auf die langen Spaziergänge, die ich bald werde machen können.
Der erste Badegast ist schon angekommen und wohnt gleich gegenüber von uns, eine ältere Witwe [1], die jedes Jahr kommt. Und eins hätte ich fast vergessen, liebe Mama: wir haben einen neuen Garnisonskommandeur. Wie froh wir waren, Innstetten und ich, als wir davon hörten! Da lachst Du, weil du Kessin nicht kennst. Aber es scheint, er ist auch nicht der Mann, den unser trauriges Städtchen braucht. Er heißt Major von Crampas, ist verheiratet,

---

1. **e Witwe(n):** Frau, deren Mann tot ist.

zwei Kinder von zehn und acht Jahren, die Frau ein Jahr älter als
er, also sagen wir fünfundvierzig. Aber sie hat immer schlechte
Laune, ist direkt melancholisch. Man sagt, er sei ein Damenmann.
Er soll wegen einer Frau ein Duell mit einem Kameraden gehabt
haben, und er kann den linken Arm nicht mehr richtig bewegen.
Beide, Herr und Frau von Crampas, waren vor vierzehn Tagen bei
uns, um uns ihren Besuch zu machen; es war eine sehr peinliche [1]
Situation, denn Frau von Crampas kontrollierte ihren Mann die
ganze Zeit, und auch mich sah sie böse an. Er selbst kann auch sehr
fröhlich sein und ein perfekter Kavalier! Innstetten kennt ihn noch
aus seiner Militärzeit. Aber die Frau!

Effi hatte Recht und auch mit Familie Crampas wurde Kessin
nicht lebendiger. Aber täglich brachte das Dampfschiff jetzt neue
Badegäste in die Stadt. Die Straße vor ihrem Haus führte zum
Strandhotel, und Effi stand oft am Fenster. Sie konnte nicht
selbst zum Dampfschiff gehen, denn Innstetten hatte keine Zeit,
mit ihr zu kommen.

Der erste Badegast, von dem sie der Mama geschrieben hatte,
war nach wenigen Tagen in Kessin gestorben. Das
Dienstmädchen der alten Frau war nun frei und hätte in Kessin
nicht leicht Arbeit gefunden, weil sie katholisch war. Sie hieß
Roswitha und war eine kinderliebe und robuste Person. Effi, die
so kurze Zeit vor der Geburt nicht Frau Kruse um sich haben
wollte, stellte sie sofort als Kindermädchen ein, denn auch
Innstetten war einverstanden.

---

1. **peinlich:** unangenehm.

Am 3. Juli stand eine Wiege [1] neben Effis Bett. Der Arzt hielt der jungen Frau die Hand und sagte: „Schade, dass es ein Mädchen ist. Aber das andere kann ja noch kommen." Roswitha aber freute sich und nannte das Kind „Annie", und auf diesen Namen wurde es dann getauft [2]. Am nächsten Tag fuhr Effi nach Hohen-Cremmen, wo sie mit Annie und Roswitha einen Monat bei ihren Eltern verbrachte.

1. e Wiege(n): Bettchen für Babies, kann man bewegen.
2. taufen: der Priester gibt einen Namen.

KAPITEL 14

September

Als sie Mitte September nach Kessin zurückkam, änderte sich vieles. Innstetten hatte sie in Hohen-Cremmen nicht besucht, weil er keinen Urlaub nehmen konnte. Aber nun zeigte er sich voll Aufmerksamkeit [1] für Effi. „Bis Annie da war, warst du ein Kind", sagte er „aber jetzt ... bist du anders. Eine junge Frau, und fast ein bisschen kokett [2], wenn ich das sagen darf."

„Gott sei Dank, dass du das sagst. Das ist für euch Männer das Beste, was man sein kann. Aber sieh mal ... kommt da nicht Crampas? Er wird doch nicht gebadet haben? Am 27. September ..."

Crampas kam näher und grüßte. Er war in Zivil [3] und küsste Effi die Hand. Effi blieb sitzen. „Entschuldigen Sie mich, Major, aber zehn Uhr früh, das ist keine Zeit. Und nun setzen Sie sich. An Ihrem Haar, ich wünschte Ihnen, dass es mehr wäre, sehe ich, dass Sie gebadet haben."

1. **e Aufmerksamkeit:** Interesse (auch: Konzentration).
2. **kokett:** nicht ganz seriös.
3. **in Zivil:** normal angezogen, nicht in Uniform.

Innstetten sagte halb ironisch: „Letzte Woche hat hier ein Bankier einen Infarkt bekommen und Sie ...“

„Ich bin kein Millionär“, sagte Crampas, „und da kann man schon etwas riskieren und bei neun Grad Wassertemperatur schwimmen gehen. Und für einen Soldaten ist der Tod ...“

Effi gefiel das Thema nicht. „Das Leben ist uns näher, Major. Und die Frage ist doch: Wie soll man hier leben? Das ist wichtiger als alles andere. Darüber habe ich auch mit Gieshübler gesprochen. Er will diesen Winter Theater- und Musikabende organisieren. Ich habe gehört, Sie sind dabei?“

„Ganz recht, gnädige Frau. Wir dachten an Theaterstücke wie *Ein Stück vom Weg*, oder *Eine Jugendliebe*. Mit der gnädigen Frau in der Hauptrolle [1].“

1. **e Hauptrolle(n):** Rolle des Protagonisten.

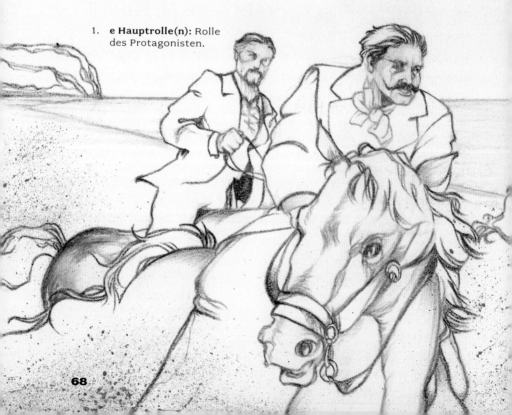

„Ich hätte nicht gedacht, dass Sie so kunstinteressiert sind. Wer bei neun Grad baden geht …".

Bis in den Oktober hinein frühstückten sie auf der Veranda. Gegen elf kam oft der Major, der dann, nach einem kurzen Gespräch mit Effi, mit Innstetten ausritt[1]. Das ging so wochenlang, bis Effi plötzlich Lust bekam, mitzumachen. Innstetten meinte, die Leute könnten über die junge Mutter reden. Aber mit Crampas' Hilfe kam Effi bald zu ihrem Damenpferd. Meist war Rollo mit von der Partie und Effi war glücklich, wenn sie am Meer entlang ritt, oder abstieg, um ein Stück zu Fuß zu gehen und mit Rollo zu spielen.

1. **reiten:** macht man auf einem Pferd.

KAPITEL 15

Ausritt mit Crampas

Als Innstetten Ende Oktober nicht mehr mitreiten konnte, weil er wieder viel arbeiten musste, ritt Effi mit Crampas aus. Rollo und die beiden Diener waren bei ihnen. Das Wetter war schlechter geworden, der Wind war stark. So ritt man jetzt oft zwischen den Dünen oder im nahen Wald, wo man die alten Gespräche weiterführen konnte. Crampas erzählte Geschichten aus dem Krieg, Anekdoten über Innstetten, der mit seinem Ernst [1] und seiner Reserviertheit von den Kameraden mehr respektiert als geliebt worden sei.

„Das kann ich mir denken", sagte Effi, „ein Glück nur, dass der Respekt die Hauptsache ist."

„Ja, zu seiner Zeit. Aber er passt doch nicht immer. Und dann seine Tendenz zu mystischen Ideen ... das passt nicht zu einem Soldaten."

---

1. **ernst sein:** seriös und nicht lustig sein.

„Mystische Ideen?" fragte Effi. „Ja, was verstehen Sie darunter, Major? Hat er den Propheten gespielt? Spiritistische Sitzungen abgehalten?"

„Das nicht gerade. Aber es ist auch gar nicht so wichtig. Er hatte nur eine Vorliebe, uns Spukgeschichten zu erzählen. Und wenn dann alle schon daran glaubten, einige sogar Angst bekamen, lachte er plötzlich. Einmal habe ich es ihm auch gesagt: ‚Innstetten, das ist doch nur Komödie. Sie treiben Ihr Spiel mit uns. Sie glauben's so wenig wie wir, aber Sie wollen sich interessant machen. Sie denken, das ist gut für Ihre Karriere. Auf höheren Posten will man keinen banalen Menschen. So haben Sie sich den Spuk ausgedacht.'"

Und nun erzählte ihm Effi die Geschichte des Chinesen, was sie in ihrem Hause erlebt und wie Innstetten reagiert hatte. „Er sagte nicht ja und nicht nein."

„Das ist typisch", lachte Crampas.

„Gut, gut. Aber, ich bitte Sie um eine ernste Antwort, Crampas: Wie erklären Sie sich das?"

„Ja, meine gnädige Frau, Gott sieht ins Herz, aber ein Major ... Ich bin ein einfacher Mann."

„Ach Crampas, ein einfacher Mann sind Sie ganz sicher nicht.

Ich denke sogar, Sie sind sehr gefährlich."

„Das ist ein großes Kompliment für einen Mann über vierzig. Und nun also, Innstetten ... er denkt sich, dass ein Baron Innstetten, der jeden Tag Ministerialdirektor oder so etwas werden kann, nicht in einem ganz normalen Haus wohnen kann. Ein Spukhaus, das ist interessant. Das ist das eine ..."

„Das eine? Mein Gott, und das andere?"

„Ich bin mir nicht ganz sicher, gnädige Frau, ich sollte es Ihnen vielleicht nicht sagen. Er will Karriere machen, das ist das erste. Aber er hat auch noch eine zweite Passion: er operiert gern erzieherisch[1], ist der geborene Pädagoge."

„Und will er mich auch erziehen? Erziehen durch Spuk?"

„Erziehen ist vielleicht nicht das richtige Wort. Aber ... eine junge Frau ist eine junge Frau. Ein Landrat ist oft nicht zu Hause. Solch ein Spuk ..."

„Ah, da sind wir wieder aus dem Wald heraus", sagte Effi. „Wir müssen nur noch am Friedhof vorbei." Und sie sah nach der Stelle, wo der Chinese lag.

„Also ein Angstapparat, um mich in Ordnung zu halten", dachte sie.

---

1. **erzieherisch:** als Pädagoge.

KAPITEL **16**

Theaterabend

Effi und Crampas waren noch einige Male zusammen
ausgeritten. Nach den ersten Sturmtagen im November waren
noch ein paar sonnige Spätherbsttage gekommen, aber dann
wurde es zu kalt, und Effi war froh, dass der Winter kam. Sie
hatte das Gefühl, in Gefahr gewesen zu sein. Jetzt würde sie
Crampas nicht mehr oft sehen. Innstetten hatte ihr gesagt,
dass Bismarck dieses Jahr nicht kommen würde, und sie also
nicht mehr viel allein bleiben müsste. Wenn es ihr recht wäre,
könnten sie an den langen Winterabenden gemeinsam die
Hochzeitsreise rekapitulieren. Er wollte Gieshübler dazu
einladen, „der Italien gut kennt. Wir könnten uns gemeinsam
die Fotografien ansehen, und du strickst [1] mir etwas. Was
meinst du, Effi?"

Effi antwortete nicht.

---

1. **stricken:** aus Wolle Pullover etc. machen.

Gieshübler kam gern, schon um Effi zu sehen. Aber er hatte gemeinsam mit Crampas die Theaterabende organisiert, über die man im September gesprochen hatte. Noch vor Weihnachten wurde *Ein Stück vom Wege* aufgeführt [1], und Effi spielte die wichtigste Frauenrolle. Sie war wie elektrisiert. Endlich etwas Neues! Für die Italienabende hatte sie nun keine Zeit mehr.

Erst nach Mitternacht kam man am Theaterabend nach Hause. Innstetten erzählte Johanna, wie schön die gnädige Frau gewesen war und wie gut sie gespielt hatte.

Effi war müde und legte sich zu Bett. Innstetten setzte sich neben sie und hielt ihr die Hand.

„Ja, Effi, das war ein schöner Abend. Und am meisten habe ich mich über meine kleine Frau gefreut. Alle waren ganz verliebt in dich."

„Ach Geert, wie galant du bist. Da bekomme ich ja Angst. Ist alles in Ordnung? Möchtest du noch eine Tasse Tee trinken?"

„Lass nur, Effi. Ich will nichts als dich ansehen. Du könntest ja auch so sein wie die arme Frau Crampas; das ist eine schreckliche Frau, und dich hätte sie heute Abend ermorden wollen. Und der arme Crampas war ganz nervös und hat dich nicht ein Mal angesehen. Er hat Angst vor seiner Frau. Und er findet immer einen Grund, sie zu Hause zu lassen. Am zweiten Weihnachtstag wollen wir zum Beispiel alle zusammen zu Oberförster [2] Ring hinaus fahren. Das erste, was Crampas sagte, war, dass seine Frau leider zu Hause bleiben müsse."

---

1. **aufführen:** ein Theaterstück vor Publikum zeigen.
2. **r Förster(=):** hält den Wald in Ordnung.

„Sind es denn nur Herren?"

„Nein, du bist mit dabei und ein paar andere Damen."

„Aber dann ist es doch hässlich von ihm, und früher oder später ..."

„Ja, er ist eine Spielernatur, so'n halber Pole. Und immer Frauengeschichten. Man muss ihm auf die Finger sehen."

„Ja, da hast du wohl Recht. Aber jetzt sprich nicht mehr. Mir ist, als hörte ich oben das Tanzen. Warum kommt es immer wieder? Ich dachte, es wäre nur ein Spaß von dir."

„Das würde ich nicht so sagen, Effi. So oder so, man muss nur in Ordnung sein und keine Angst zu haben brauchen."

Effi dachte an das, was ihr Crampas über ihren Mann als „Erzieher" gesagt hatte.

Textverständnis

1 Ergänze.

Angst	aufmerksam	ausreiten	erwartet	erziehen	
Fürst	Gardinen	Geburt	Gras	Haus	Hochzeitsreise
Hund	interessanter	Karriere	Kontrolle	Major	organisiert
reiten	Respekt	Spazierfahrt	Spuk	Streit	Winter

Es kommt zum ersten (1)......................... zwischen Geert und Effi. Er will,
dass die Leute (2)......................... vor ihm haben, Effi will keine
(3)......................... haben müssen. Deshalb möchte sie ein anderes
(4)......................... suchen oder wenigstens die (5)......................... kürzen
lassen. Sie sagt, sie habe nicht geträumt, auch der (6).........................
habe etwas gehört.

Beide möchten, dass Geert (7)......................... macht. Dafür ist der
(8)......................... sehr wichtig.

Dann machen sie eine (9)......................... . Dabei sehen sie auch das
(10)......................... des Chinesen.

Effi schreibt ihrer Mutter, dass es in ihrem Haus einen (11).........................
gibt. Sie schreibt auch, dass sie ein Kind (12)......................... .

Nach der (13)......................... fährt sie nach Hohen-Cremmen. Als sie
wiederkommt, ist Innstetten sehr lieb und (14)......................... . In den
nächsten Tagen (15)......................... sie oft mit ihrem Mann und
(16)......................... Crampas aus. Crampas erklärt ihr, dass ihr Mann
gern andere Leute (17).........................will. Mit dem Spuk will er Effi unter
(18)......................... halten.

Dann wurde es (19)......................... und Effi und Crampas konnten nicht
mehr (20)......................... Crampas wollte Gieshübler einladen, um die
(21)......................... zu rekapitulieren.

Das interessierte Effi gar nicht, viel (22)......................... waren die
Theaterabende. Crampas hatte sie (23)......................... .

2 Crampas und Innstetten sind in vielem gegensätzlich. Sie sind typische Repräsentanten von zwei Gruppen von Männern

	Crampas	Innstetten
Alter		
Familienstand		
Beruf		
Karriere	am Ende?	am Anfang
Charakter		

a Was machen sie in der Freizeit?

b Was sind Frauen für sie? Wie wichtig ist ihnen die Familie?

c Suche für beide je eine typische Szene.

d Gibt es diese Art von Männern heute noch? Wo?

Wortschatz

1 Setze die fehlenden Wörter von der Liste in der richtigen Form ein.

> **auftauchen   beruhigen   Einsiedler   erfahren   Hauptrolle
> schwach   Schlitten   traurig   verschwinden**

a Er war sehr intelligent, aber in der Schule .... (*nicht besonders gut*).

b Nachdem die weiße Frau .... (*plötzlich da gewesen war*), ... (*wurde ich ruhiger*).

c Zehn Jahre seines Lebens hat er als .... (*Eremit*) verbracht.

d Ich habe von deinem neuen Projekt .... (*gehört*).

e Wenn es schneit, fahren wir nicht mit der Kutsche, sondern mit dem ....

f Ich spiele gern mit, aber ich will die .... (*wichtigste Rolle*).

g Warum bist du heute wieder so .... (*nicht lustig*)?

h Plötzlich war der Spuk .... (*nicht mehr da*).

2 Im Text haben wir bisher eine Reihe von wichtigen, aber nicht ganz einfachen Adjektiven kennen gelernt. Ordne ihnen ihr Gegenteil (Antonym) zu. *nervous*

poor ~~excited~~ *excited* *grow up* *light/easy*
ärmlich aufgeregt begeistert erwachsen leicht
liebenswürdig mittelmäßig peinlich seriös
kind *embarrasing*

Beispiel: *nachsichtig → streng*

a gelangweilt ....*begeistert*....   f genial ....*mittelmäßig*....

b anstrengend ....*leicht*....   g kindisch *silly* ....*seriös*....

c unfreundlich ....*liebenswürdig*....   h kindlich *young childlike* ....*erwachsen*....

d vornehm *formal* ....*ärmlich*....   i angenehm ....*peinlich*....

e ruhig ....*aufgeregt*....

Grammatik

1 Geert von Innstetten und die Eltern Effis sprechen gehobenes Deutsch. Sie benutzen dabei manchmal den Konjunktiv I für die indirekte Rede. Kannst du die folgenden Sätze in die direkte Rede, also in den Indikativ setzen?

Beispiel:
    Er sagt immer, es sei besser so. → Er sagt immer: „Es ist besser so."

a Glaubst du denn, es sei eine problematische Ehe?

b Innstetten meint, unter dem Landadel werde Effi nicht viele Freunde finden.

c Effi antwortete, sie wolle lieber ein Einsiedlerleben führen.

d Sie fragte ihn, ob er nicht an Spuk glaube.

e Der Fürst schrieb ihm, er solle seine Frau mitbringen.

f Sie sagen oft, sie hätten keine Zeit. *ihre*

Deine Meinung

1 In diesem Roman ist das Thema der Frau sehr wichtig. Was meinst du?

a Welche Rolle hat Effi bisher in ihrer Ehe gehabt?

b Welche Rolle kennt sie aus der Ehe ihrer Mutter?

c Was sagen ihre Mutter und ihr Vater über dieses Thema?

d Warum sehen alle jetzt eine Frau in Effi (und vorher weniger)?

e Hat sich ihre Beziehung zu Innstetten geändert?

2 Spökenkieker nennt man in Norddeutschland Leute, die immer und überall Spuk und Gespenster sehen. Bist du auch so einer? Was denkst du, wenn ...

1 ... deine Pendeluhr plötzlich stehen bleibt?

a ☐ Es ist etwas passiert.

b ☐ Das ist auch besser so.

c ☐ Wieder so ein Billigprodukt aus Taiwan.

2 ... du nachts auf dem Balkon ein Geräusch hörst?

a ☐ Wahrscheinlich ein Vampir.

b ☐ Räuber und Mörder!

c ☐ Lasst mich schlafen.

3 ... du eines Morgens in den Spiegel guckst und dein Spiegelbild nicht siehst?

a ☐ Jetzt bin ich ein Zombie!

b ☐ Das ist auch besser so.

c ☐ Zu viel Bier gestern.

4 ... dir jemand sehr bekannt vorkommt, den du garantiert noch nie gesehen hast?

a ☐ Ich kenne ihn aus einem anderen Leben.

b ☐ Die Leute sehen alle gleich aus heutzutage.

c ☐ Ich arbeite zu viel.

Hast du mehr als ein „a" in deinen Antworten? Dann bist du ein Spökenkieker.

KAPITEL 17

Der Schloon

Um zweiten Weihnachtsfeiertag fuhr man gemeinsam zur Oberförsterei[1] hinaus. Im ersten Schlitten saßen Innstetten, der den Weg kannte, und Effi. Crampas und Gieshübler fuhren in ihren Schlitten hinterher. Auf dem Weg wurde der Zug[2] immer länger, Kutschwagen anderer Gäste kamen hinzu. Auch Grasenabbs mit ihrer Tochter Sidonie waren dabei. Beim Abendessen saßen sie neben Effi. Mit einem Blick auf die vierzehnjährige Tochter des Oberförsters, die auf „Onkel Crampas" Knien saß, langweilte sie Effi mit Gesprächen über den „Geist der Zeit": „Sehen Sie nur, in dem Alter. Das ist der Anfang vom Ende." Effi war froh, als es nach Hause gehen sollte. Aber Sidonie stieg zu ihr in den Schlitten. „Denken Sie, mein Vater raucht in der Kutsche jetzt seine Zigarre. Und das Fenster lässt er mich auch nicht öffnen."

---

1. **e Försterei**: Haus, in dem der Förster wohnt und arbeitet.
2. **r Zug("e)**: *(hier)* Reihe von Schlitten.

Innstetten fuhr nicht mit ihnen zusammen. Gieshüblers Kutscher war vom Pferd ans Bein getreten worden und konnte nicht mehr fahren. Gieshübler selbst aber konnte keinen Schlitten lenken.

Man fuhr den Strandweg entlang, der zum Strandhotel führte. Von dort aus würde man durch die Plantage direkt in die Stadt fahren. Effi schloss die Augen.

„Sie sollten lieber aufpassen", sagte Sidonie, „dass Sie nicht aus dem Schlitten fliegen."

„Wie schön", antwortete Effi, „dann fliege ich ins kalte Wasser. Sagen Sie, hören Sie das auch?"

„Was? Das Meer?"

„Es ist etwas anderes. Etwas wie Musik."

„Halluzinationen", sagte Sidonie. „Sie sind nervenkrank. Gebe Gott, dass Sie das Richtige hören."

Da hielt ihr Schlitten neben den anderen beiden. „Was ist?" fragte Effi. „Der Schloon, gnädige Frau", war Kruses Antwort.

„Ja, meine gnädigste Frau", erklärte ihr Sidonie, „das ist schlimm. Nicht für mich, denn in der Kutsche meines Vaters komme ich durch. Aber so ein Schlitten, der versinkt [1] im Schloon."

„Ja, aber was ist denn dieser Schloon?"

„Im Sommer nur ein kleiner Bach, der unter dem Sand ins Meer fließt. Aber im Winter, bei Wind, fließt Meerwasser herein. Von oben sieht man es nicht, aber der ganze Sand ist dann mit Wasser vermischt. Und wenn man auf dem Sand fahren will, sinkt man ein."

---

1. **versinken:** untergehen, nicht oben bleiben.

Crampas war zu Innstetten gegangen, um eine Lösung zu finden. Innstetten wollte die Durchfahrt riskieren. Er bat Crampas, bei den Damen einzusteigen, um bei der Hand zu sein, wenn sie Schwierigkeiten hätten. Crampas setzte sich zu ihnen und man fuhr wieder los. Sobald aber die Pferde an den Schloon kamen, sanken sie tief ein. „Es geht nicht", rief Crampas. Innstetten schlug vor, einen anderen Weg zu nehmen. Die Schlitten sollten ihm nachfahren. Die Kutschen konnten auf dem direkten Weg weiter fahren. Sidonie dankte Effi kurz und stieg dann in die Kutsche ihres Vaters um. Nach wenigen Minuten waren sie durch den Schloon gefahren und in der Dunkelheit nicht mehr zu sehen. Effi sah ihnen nach. Sie war jetzt mit Crampas allein. Sie folgten dem Schlitten mit Innstetten und Gieshübler. In schneller Fahrt ging es den Rand des Waldes entlang. Plötzlich aber fuhr Innstetten nach links in einen Weg, der mitten durch den Wald führte. Die anderen Schlitten fuhren ihm nach. Jetzt war es ganz dunkel.

„Effi", hörte sie Crampas leise sagen. Dann nahm er ihre Hand und küsste sie. Sie schloss die Augen.

Als sie sie wieder öffnete, waren sie aus dem Wald heraus. Vor sich sah sie den Schlitten Innstettens. Wenige Minuten später hielt der Schlitten vor dem landrätlichen Hause.

Innstetten hatte an diesem Abend nicht mehr über die Fahrt gesprochen. Am nächsten Morgen aber stand er früh auf. Er hatte schlechte Laune.

„Ich habe von dir und Crampas geträumt", erklärte er ihr. „Ihr seid zusammen im Schloon versunken."

„Das sagst du so ... als hätte ich etwas falsch gemacht, Geert.

Hätte der Major uns nicht helfen sollen?"

„Uns?"

„Ja, uns, Sidonie war dabei. Und du selbst hast Crampas zu uns geschickt. Hätte ich ihn aussteigen lassen sollen? Ich hätte mich lächerlich gemacht. Das willst du doch nicht."

„Da hast du Recht: Ich bin selber Schuld. Es wird sich nicht wiederholen. Aber auch du, sei auf der Hut [1]. Ich weiß, was er über junge Frauen denkt. Ich kenne ihn von früher."

„Vielleicht verkennst [2] du ihn."

„Ich verkenne ihn nicht."

„Oder mich", und sie versuchte, ihm in die Augen zu sehen.

„Auch dich nicht, meine liebe Effi. Du bist eine liebe kleine Frau, aber Charakter ... das ist nicht deine Spezialität."

Er wollte gehen, als Friedrich hereinkam, um einen Brief von Gieshübler abzugeben, für Effi.

Gnädige Frau sind also gut zu Hause angekommen. Ungefährlich war es nicht. Es war eine schöne Fahrt. – In diesen Tagen feiern wir Silvester. Kein so großes Fest wie im letzten Jahr, aber einen Ball haben wir natürlich. Ihr Kommen würde die Tanzwelt [3] glücklich machen und nicht am wenigsten

Ihren Alonzo G. "

---

1. **auf der Hut sein:** vorsichtig sein, aufpassen.
2. **jdn verkennen:** etwas Falsches denken über jdn.
3. **e Tanzwelt:** alle, die tanzen.

KAPITEL 18

Spaziergänge

walk

Consume

Den Silvesterball verbrachte Effi am Tisch der alten Damen. Sie sprach nicht mit Crampas, und sie tanzte nicht.

Mitte Januar kamen die Einladungen aufs Land. Jede Woche würde eine der vier adligen Familien ein Abendessen geben.

„Ich werde nicht mitkommen, Geert", sagte Effi. „Du musst mich mit meiner Gesundheit entschuldigen."

„Deine Gesundheit — Effi, das heißt: du willst nicht."

„Nein, Geert. Seit Wochen muss ich Diät halten und Mineralwasser trinken, weil der gute Doktor es so will. Wenn ich da an so ein Essen bei Grasenabbs denke, es wäre mein Tod. Aber jedes Mal, wenn du fährst, kann ich ein Stück mitfahren, bis an den Friedhof oder an den Waldrand. Und dann steige ich ab und spaziere zurück. In den Dünen ist es am schönsten. Bewegung und frische Luft sei alles, sagt unser guter Doktor immer."

Sie fühlte, dass sie nicht mehr herauskam. Manchmal litt [1] sie, manchmal weinte sie. Aber sie spielte ihre Komödie weiter. Es ging wie von allein. Nur in einem blieb sie sich gleich: sie sah alles klar vor sich und beschönigte [2] nichts. Einmal trat sie spät abends vor den Spiegel. Es war windig draußen und sie hörte Rollo bellen. Plötzlich war die Angst wieder da. Sah ihr da nicht jemand über die Schulter? „Ich weiß schon, was es ist", sagte sie sich. „Es ist nicht der aus dem Spukzimmer von oben. Das ist mein Gewissen [3]. Effi, du bist verloren." Es ging aber doch weiter so.

Einmal in der Woche fuhr Effi nun an der Seite ihres Mannes hinaus, um zu Fuß zurückzukehren. Aber auch an allen anderen Tagen machte sie den Spaziergang, den ihr der Arzt verordnet hatte, meistens nachmittags, wenn Innstetten Zeitung las.

1. **leiden:** Schmerzen haben, traurig sein wegen etwas.
2. **beschönigen:** schöner machen, als es ist.
3. **s Gewissen:** Instanz, die uns sagt, was moralisch richtig und was falsch ist (oder war).

Sie ging in der Regel allein und sagte zu Roswitha: „Ich gehe jetzt die Landstraße entlang und dann rechts an den Platz mit dem Karussell. Da will ich auf dich warten, da hole mich ab. Aber komm nur, wenn Annie schläft. Ich finde auch allein zurück."

Den ersten Tag trafen sie sich auch dort. Meistens aber, wenn Roswitha bei dem Karussell ankam, war niemand da, und wenn sie dann nach Hause kam, war Effi schon dort und sagte: „Wo bleibst du denn, Roswitha, ich bin schon lange wieder hier."

So ging es einige Wochen.

Aber dann musste Crampas nach Stettin zur Generalkommandatur und schrieb Innstetten von dort aus. Er las Effi den kurzen Brief vor. „Gut, dass er fort ist", sagte Effi, „er erzählt immer dasselbe." Innstetten sah sie an. „Ich muss auch fort", sagte er, „nach Berlin. Vielleicht kann ich dann auch was Neues mitbringen. Meine liebe Effi langweilt sich so in unserm guten Kessin. Ich werde acht Tage fort sein. Und ängstige dich nicht ... es wird wohl nicht wieder kommen ... Du weißt schon, das da oben ... Und du hast ja Rollo und Roswitha."

Effi sagte nichts. Sie dachte an den Tag, als Crampas ihr gesagt hatte, dass Innstetten mit dem Spuk und der Angst Komödie spielte. Der große Erzieher! Aber hatte er nicht Recht?

Crampas kam schon vier Tage später zurück. Neues brachte er nicht mit. Aber Effi begann wieder mit ihren Spaziergängen, die sie in den Tagen zuvor nicht gemacht hatte. Wie vorher wollte sie Roswitha am Karussell oder am Friedhof treffen, aber sie trafen sich nie. „Macht nichts, Roswitha", sagte sie. „Ich habe keine Angst mehr, auch am Friedhof nicht."

KAPITEL 19

Eine Entscheidung

Innstetten kam einen Tag später als geplant zurück. Er war gut gelaunt. „Wie gut du aussiehst!" Effi wurde rot.

„Rot wirst du auch. Weißt du denn, von wem ich dir Grüße bringen soll?"

„Das ist nicht schwer, Geert. Von Vetter Briest natürlich. In Berlin kenne ich sonst niemanden."

„Ja, Effi, und weißt du, was er gesagt hat? Er würde mich am liebsten totschießen [1]! Dabei sah er ganz traurig aus."

„Oh, ihr wart betrunken. Das ist natürlich typisch, diese albernen [2] Witze. Das mag ich an Männern nicht. Männer müssen Männer sein."

„Gut, und meinst du, ein Ministerium ist etwas für richtige Männer?"

„Um Gottes willen, Geert. Sie haben dich doch nicht zum

---

1. **totschießen:** mit der Pistole töten.
2. **albern:** dumm, infantil.

Minister gemacht? Und ich bin erst achtzehn!"

Innstetten lachte. „Nein, Effi, nicht Minister, so weit sind wir noch nicht. Aber du wirst eine Ministerialrätin sein und in Berlin leben. In einem halben Jahr wirst du nicht mehr wissen, dass du hier gewesen bist und nichts gehabt hast als Gieshübler und die Dünen und die Plantage."

Effi sagte kein Wort. Ihre Augen wurden immer größer. Dann sank sie vor Innstetten auf die Knie und sagte nur: „Gott sei Dank!"

Innstetten wurde rot. Was war das?

„Steh auf, Effi. Was hast du? Ich dachte, du hättest hier glückliche Tage verbracht. Was war denn so schrecklich hier? War ich es? Sprich."

„Dass du noch fragen kannst, Geert", sagte sie, und versuchte ruhig zu scheinen. „Glückliche Tage! Das auch. Aber immer habe ich Angst gehabt. Und in den letzten Nächten war es wieder da. Es ist ein Spukhaus, und ich habe es auch glauben sollen — denn du bist ein Erzieher. Ja, Geert, das bist du. Ein ganzes Jahr lang und länger habe ich Angst gehabt. Und jetzt werde ich frei sein."

Innstetten sah sie an. Was sagte sie da? „Du bist ein Erzieher"? Wo kam das her? Aber dann beruhigte er sich wieder. Angst hatte sie gehabt. Warum sollte sie da nicht ausrufen: „Gott sei Dank"?

„Es tut mir leid, Effi. Es ist meine Schuld. Wir Männer sind alle Egoisten. Aber es soll nun anders werden. Spukhäuser gibt es in Berlin nicht. Und nun lass uns zu Annie gehen."

Beim Frühstück war Effi guter Laune. Sie fühlte sich endlich frei. Es war, als läge Kessin schon hinter ihr.

„Ich hab' nachgedacht, Effi", sagte Innstetten, „du hast nicht ganz Unrecht. Dies Haus hier war für einen alten Kapitän gut genug, aber nicht für eine junge Frau. Da sollst du's in Berlin besser haben. Einen richtigen Saal, und große Fenster."

„Aber wer sucht uns eine Wohnung? Vetter Briest vielleicht?"

„Ja, das Wohnungssuchen. Ich denke, du musst selbst nach Berlin fahren. Sagen wir, Mitte März."

„Oh, das ist viel zu spät, Geert. Die guten Wohnungen werden nicht auf uns warten."

„Ist schon recht. Aber ich bin erst seit gestern wieder hier und freue mich so, dass ich dich wiederhabe."

Friedrich kam herein und brachte einen Brief für Effi.

„Ah, von der Mama", sagte Effi. „Aber aus Berlin, wie sonderbar. Ob etwas geschehen ist?"

Effi öffnete den Brief und las: „Meine liebe Effi. Seit 24 Stunden bin ich hier in Berlin; meine Augen werden immer schlechter, deshalb muss ich zur Augenklinik." Effi las den Brief zu Ende und sagte: „Mama weiß schon Bescheid [1], sie gratuliert dir sehr. Und sie erwartet mich in Berlin."

„Da willst du sicher sofort fahren?" fragte Innstetten.

„Ach, Geert, gleich wieder von dir fort. Aber es muss sein. Heute ist Dienstag. Sagen wir also Freitag. Montag komme ich zurück."

„Geht nicht. Drei Tage sind zu wenig."

„Also auf Diskretion."

„Gut."

---

1. **Bescheid wissen:** informiert sein.

KAPITEL 20

Ein Brief

Die Tage bis zur Abreise vergingen schnell. Auch Roswitha war glücklich. „Ach, gnädigste Frau. Kessin ... An manchen Tagen sehen wir keine sechs Menschen. Immer nur die Dünen und das Meer."

„Ja, Roswitha, das ist kein richtiges Leben. Da kommt man nur auf dumme Gedanken. Nimm alle deine Sachen mit und Annies auch."

„Ich denke, wir kommen noch einmal wieder."

„Ja, ich. Der Herr möchte es so. Aber ihr könnt vielleicht mit meiner Mutter dort bleiben."

Das war am Donnerstag. Am Nachmittag ging Effi in die Apotheke. Gieshübler war glücklich. „Gnädige Frau. Hier zwischen meinen Gläsern. Darf ich die gnädige Frau vielleicht bitten, Platz zu nehmen?"

„Natürlich gern, Gieshübler. Aber nur für einen Moment. Ich will Ihnen Adieu sagen."

„Aber gnädigste Frau. Sie kommen doch wieder."

„Ja, lieber Freund, ich soll wiederkommen, aber ich könnte auch nicht wieder kommen. Man weiß nie. ... Und da sage ich Ihnen lieber gleich Adieu. Und ich will Ihnen danken, Gieshübler. Ich habe mich hier manchmal sehr allein gefühlt, aber wenn ich Sie gesehen habe, habe ich mich immer wohler gefühlt und auch besser."

„Aber meine gnädigste Frau."

„Und dafür wollte ich Ihnen danken. Und lassen Sie einmal von sich hören. Adieu, lieber Freund."

Dann ging Effi hinaus und ließ Gieshübler allein und etwas verwirrt[1] zurück.

Zu Hause setzte sie sich an ihren kleinen Schreibtisch. Sie hatte ein Blatt Papier vor sich, die Feder[2] in der Hand. Sie sah einen Augenblick in den Spiegel, dann schrieb sie:

> *Ich reise morgen mit dem Schiff, und wir werden uns nicht mehr sehen. Ich komme nicht wieder. Warum ich nicht wiederkomme, Sie wissen es. ... Es wäre das Beste gewesen, ich wäre nie hierher gekommen. Alle Schuld ist bei mir. Ihr Tun ist vielleicht entschuldbar, meins nicht. Wir gehen jetzt fort, und manchmal denke ich, alles wird wieder gut. Vergessen Sie das Geschehene, vergessen Sie mich.*
>
> *Ihre Effi*

Sie las den Brief noch einmal durch.

Dann ging sie zu einem Haus in der Nähe des Friedhofs und gab den Brief dort ab.

---

1. **verwirrt:** konfus, durcheinander.
2. **e Feder(n):** nahm man zum Schreiben, tragen manche auf dem Hut, Vögel immer.

Textverständnis

1 **Richtig (R) oder falsch (F)? Weißt du die Antwort?**

		R	F
a	Sidonie ist ihre beste Freundin.	☐	☐
b	Sidonie und Effi sind Nachbarinnen.	☐	☐
c	Mit der Kutsche kann man ohne Probleme am Strand entlang fahren.	☐	☐
d	Effi fährt zusammen mit Crampas im Schlitten.	☐	☐
e	Effi schläft im Schlitten.	☐	☐
f	Mit Crampas im Schlitten bleibt Effi passiv.	☐	☐
g	Innstetten weiß, was passiert ist.	☐	☐
h	Innstetten meint, Crampas sei gefährlich.	☐	☐
i	Effi geht jeden Tag spazieren, weil sie krank ist.	☐	☐
j	Effi liebt Crampas sehr.	☐	☐
k	Sie hat ein schlechtes Gewissen.	☐	☐
l	Der Spuk macht ihr keine Angst mehr.	☐	☐
m	Sie freut sich vor allem, weil Innstetten Karriere macht.	☐	☐
n	Innstetten findet ihre Freude übertrieben („zu groß").	☐	☐
o	Sie will nicht nach Kessin zurück kommen.	☐	☐
p	Effi schickt Roswitha und Annie nach Berlin, bleibt aber in Kessin.	☐	☐
q	Effi verabschiedet sich bei Gieshübler.	☐	☐
r	Effi schreibt Cramaps einen Brief.	☐	☐
s	Sie gibt ihm alle Schuld.	☐	☐

2 Ein Ehebruch. Rekonstruiere *die Geschichte* zwischen Effi und Crampas.

Fakten	Wirkung
a Effi lernt Crampas und Frau kennen.	**1** Sie sieht, dass er nicht glücklich verheiratet ist.
b Crampas besucht sie und ihren Mann auf der Veranda.	**2** Sie, ...
c Sie reitet erst mit beiden Männern, dann nur mit Crampas aus.	**3** ....
d Sie spricht mit Crampas über Innstetten.	**4** ....
e	**5** ....
f	**6** ....

Interpretation

1 Warum lässt sich Effi auf Crampas ein? Was hat Crampas, was Innstetten nicht hat?

....

....

....

....

....

Wortschatz

1 Ersetze die unterstrichenen Wörter und Ausdrücke mit denen aus der Liste.

> albern   beschönigen   Försterei   Gewissen   leiden
> sinken   verkennen   verwirrt

a   Ich bin ganz <u>durcheinander</u>.

b   Er macht <u>dumme</u> Witze.

c   <u>Es hat</u> sehr weh getan.

d   Du <u>interpretierst</u> ihn nicht richtig.

e   Das Schiff ist <u>untergegangen</u>.

f   Wir wollen unser Tun nicht <u>schöner machen, als es ist</u>.

g   Du solltest nichts gegen deine <u>Moral</u> tun.

h   <u>Das Haus des Försters</u> liegt mitten im Wald.

2 Setze die fehlenden Wörter ein.

> fließen   gefährlich   sehen   Sturm
> symbolisieren   vermischen   versinken

Im Sommer ist der Schloon nicht (1)............ . Er (2)............ unter dem Strand durch. Bei einem (3)............ kommt viel Wasser in den Schloon und das Wasser (4)............ sich mit dem Sand. Dann ist der Schloon gefährlich, weil man (5)............ kann, und weil man es nicht (6)............ . Alles sieht normal aus, ist aber voller Gefahren. Viele meinen, der Schloon (7)............ das Leben, oder das Leben Effis in diesem Augenblick.

Grammatik

1 „Steh auf, Effi, sprich!" Bilde Sätze im Imperativ.

Beispiel: *Mich (lassen), Geert!* → *Lass mich, Geert!*

a Herr von Crampas, *(gehen)* jetzt! ....

b *(herkommen)* Annie! ....

c das Schlafzimmer *(aufräumen)*, Roswitha! ....

d mir *(sagen)*, was ich machen soll, gnädige Frau! ....

e keine Angst *(haben)*, Effi! ....

f mir Roswitha *(schicken)*, Gnädigste! ....

g uns *(lassen)* zu Annie gehen, Effi! ....

h mir *(schreiben)*, Gieshübler! ....

2 Präpositionen aus Kapitel 17.
Setze die fehlenden Präpositionen ein (evtuell in verschmolzener Form, z. B. *zum*) .

a Sie fuhren ~~nach zu~~ *an* den Platz und dann ~~nach zu~~ *in* den Wald.

b Du musst aufpassen, dass du nicht ~~ab~~ *von* dem Wagen fliegst.

c Hier fahren wir ~~nach~~ links ~~nach~~ *zum* Strandhotel.

d *Im* Wald war es sehr dunkel.

e Das Abendessen ~~für~~ *beim* Oberförster war für Effi langweilig.

f Ihr Schlitten fuhr ~~nach~~ *entlang* Gieshüblers Schlitten, ~~nach~~ *in* dem auch Innstetten saß und kutschierte.

g Crampas setzte sich ~~bei~~ *zu* den beiden Damen.

h Der Wagen hielt ~~an~~ *in* der Straße ~~...~~ *bei* dem Landratshaus.

i Man fuhr den Waldweg ~~nach~~ ~~entlang~~ *durch*

j Von der Försterei *aus* konnte man schöne Spaziergänge machen.

KAPITEL 21

Wohnungssuche in Berlin

Am Bahnhof Friedrichstraße sah sie schon von weitem die Mama und Vetter Briest, die auf sie warteten. In der Pension der Mama waren zwei Zimmer für sie reserviert worden. Als sie alles eingeräumt hatte und Annie im Bettchen lag, ging Effi ins Zimmer der Mama, einen kleinen Salon mit Kamin. „Sehr hübsch wohnst du hier", sagte Effi. „Darf ich wieder das Teefräulein spielen?"

„Gern, Effi. Aber nur für Dagobert und dich selbst. Ich darf keinen Tee trinken."

„Ich verstehe. Es ist wegen der Augen, nicht? Was ist es denn? Auf dem Weg haben wir nur über Innstetten und unsere große Karriere gesprochen. Deine Augen sind mir wichtiger." Und sie ging zu ihrer Mama und küsste ihr die Hand.

„Effi, du bist so stürmisch. Ganz die alte."

„Ach nein, Mama. Nicht die alte. Man ändert sich, wenn man verheiratet ist."

Vetter Briest lachte. „Cousine, noch hübscher bist du geworden, aber sonst ..."

Effi hörte das nicht gern. „Dagobert, du bist alles, nur kein Menschenkenner. Ihr Offiziere seid keine guten Menschenkenner. Ich glaube, ihr guckt euch immer nur selbst an.

„Aber Cousine, wo hast du das her? Kennst du denn Offiziere?"

Frau von Briest erzählte nun, dass der Augenarzt ihr eine Diät verschrieben habe: kein Bier, kein Kaffee, kein Tee. Ab und zu eine Blutentnahme[1]. Dann würde es bald besser werden.

„Er sprach so von vierzehn Tagen. Aber du weißt ja, wie Ärzte sind. Aus vierzehn Tagen werden sechs Wochen und ich werde noch hier sein, wenn Innstetten kommt. Aber das ist ja auch recht gut so. Sucht euch was Hübsches. Ich denke in der Keithstraße. Elegant und doch nicht zu teuer. Daran müssen wir denken. Innstetten hat jetzt eine wichtige Stellung im Ministerium, aber gut bezahlt ist sie nicht. Und auch bei uns steht es nicht so gut wie früher. Die Preise fallen. Aber nun erzähl uns was Hübsches, Dagobert. Kranke sind doch zu langweilig."

„Was soll ich erzählen. Es gibt ja keinen Krieg mehr, leider. Jetzt sind Bibelwitze[2] sehr in Mode. Aber das ist wohl nicht das Richtige."

Und er erzählte einen, den Effi aber nicht verstand.

---

1. e **Blutentnahme(n):** man nimmt der Person Blut ab.
2. r **Bibelwitz(e):** Scherz über die Bibel.

Am anderen Tag war das schönste Wetter, und Mutter und Tochter fuhren früh los. Zuerst zur Klinik, wo Effi im Vorzimmer wartete, dann fuhren sie zum Tiergarten und bis in die Nähe des Zoos. Es fand sich auch wirklich eine schöne Wohnung, die nicht zu teuer war. Aber es war ein Neubau und die Wände waren noch nicht ganz trocken. „Es wird nicht gehen, Effi", sagte Frau von Briest. „Da bekommt man Rheumatismus oder Schlimmeres."

Effi gab ihr Recht. Sonst hätte sie sofort nach Kessin zurück fahren müssen. „Zeit gewonnen, alles gewonnen", dachte sie und sagte: „Aber wir sollten diese Wohnung im Auge behalten, Mama, sie liegt so schön. Auch Innstetten wollte am Tiergarten wohnen."

Dann gingen sie essen. Endlich hatten sie wieder Zeit, in Ruhe miteinander zu sprechen. Und abends wollten sie in die Oper gehen.

KAPITEL **22**

Krankheit

Wohnungsbesichtigungen, Opernbesuche, Spaziergänge mit Dagobert — so vergingen vierzehn Tage im Fluge. Täglich kamen Briefe von Innstetten, und es war klar, dass er langsam böse wurde.

„Mama, Innstetten will nicht länger warten. Ich denke, wir mieten heute noch. Und morgen reise ich. Schon wieder müssen wir uns trennen."

„Aber welche Wohnung willst du denn jetzt mieten?"

„Natürlich die erste, die in der Keithstraße. Sie ist vielleicht noch nicht ganz trocken, aber wir haben doch Sommer. Wenn ich dann ein bisschen Rheumatismus bekomme, komme ich euch auf Hohen-Cremmen besuchen."

„Effi, darüber macht man keine Witze. Einen Rheumatismus bekommt man manchmal sehr schnell."

„Ach ja?" fragte Effi.

Am selben Morgen noch mietete sie die Wohnung in der

Keithstraße und schrieb Innstetten eine Karte, dass sie den nächsten Tag zurück wolle. Am nächsten Morgen aber ließ Effi die Mama an ihr Bett rufen und sagte: „Ich kann nicht reisen. Ich habe solche Schmerzen, es zieht so den Rücken entlang. Das wird doch kein Rheumatismus sein?"

„Siehst du. Das kommt, wenn man dumme Witze darüber macht."

So blieb Effi im Bett, schrieb ein Telegramm an Innstetten und sagte dann zu Roswitha: „Roswitha, du musst mir auch Bücher bringen. Aber nichts Modernes. Ich will alte, ganz alte. Etwas von Walter Scott oder Cooper."

Am dritten Tag ging es ihr immer noch nicht besser. „Das geht so nicht weiter, Effi", meinte die Mama. „Ich will einen Arzt rufen. Da gibt es einen, den kenne ich seit über zwanzig Jahren. Er heißt Rummschüttel."

Effi lachte laut. „Rummschüttel!"

„Effi, große Schmerzen scheinst du nicht zu haben."

„Ah, die Schmerzen kommen und gehen."

Rummschüttel kam und verordnete Ruhe und Wärme. Seine Diagnose: „Schulkrankheit, mit Virtuosität gespielt." Aber das behielt er für sich [1]. Er kam jeden zweiten Tag und dann jeden dritten, weil er sah, dass die junge Frau nervös wurde, wenn er kam.

Bei seinem vierten Besuch war Effi aufgestanden und saß am Fenster, ein Buch in der Hand, Annie neben ihr.

---

1. **etw. für sich behalten:** etwas nicht sagen.

„Ah, gnädige Frau. Ich sehe, es geht wieder besser."

Als er gegangen war, setzte sich Effi an den Schreibtisch und schrieb:

> *Liebster Innstetten!*
> *Rummschüttel war hier und hat gesagt, ich könne wieder reisen.*
> *Aber heute ist schon der 24. und am 28. willst du herkommen. Da*
> *hat es wohl keinen Sinn, dass ich noch komme. Dass ich nicht*
> *selbst von den Kessinern Abschied nehme, ist nicht so tragisch.*
> *Bei Gieshübler war ich. Bleiben nur der Pastor und Crampas.*
> *Grüße den letzteren. Seine Frau war ja nie sehr freundlich zu mir.*
> *An die Familien auf dem Lande schicke ich Karten. Entschuldige*
> *mich, so gut es geht. Du bist ja ein Mann der Formen. Lass mich*
> *in einem Telegramm wissen, was Du darüber denkst.*
> *Wie immer Deine Effi*

Effi brachte den Brief selbst zur Post. Am nächsten Morgen kam das Telegramm von Innstetten: „Einverstanden mit allem." Sofort fuhr sie in die Keithstraße. Die Sachen aus Kessin und die neuen Möbel waren schon in der Wohnung. Alles war in großer Unordnung. Effi ging als erstes auf den Balkon. Vor ihr lag der Tiergarten. Die Sonne schien.

„Nun, mit Gott, ein neues Leben! Es soll anders werden."

KAPITEL 23

Neuanfang

Am 28. kam Innstetten nach Berlin.

„Das hast du gut gemacht", sagte er, als er die neue Wohnung betrat. „Kein Krokodil und hoffentlich auch kein Spuk."

„Nein Geert. Hier beginnt ein neues Leben, ich habe keine Angst mehr und will auch besser sein als früher."

Man setzte sich an den gedeckten Tisch. „Auf glückliche Tage", sagte er und hob das Weinglas. Dann nahm er Effis Hand und fragte: „Aber Effi, was war das mit deiner Krankheit?"

„Ach, lassen wir das. Es war schmerzhaft und auch ärgerlich, weil ich nicht nach Kessin zurückkommen konnte. Zum Glück hatte ich einen guten Arzt. Und nun sage, was machen Gieshübler und die anderen alle?"

„Ja, wer sind die anderen? Crampas lässt dich grüßen. Die Damen und Herren auf dem Lande waren recht kühl[1]."

Das Gespräch ging so eine Zeit weiter. Aus Kessin würde nur

---

1. **kühl:** reserviert.

noch Johanna nach Berlin kommen. Friedrich, Familie Kruse und die Köchin fühlten sich zu alt für die Großstadt. „Wir brauchen hier auch keinen Kutscher", sagte Innstetten am Ende. „Pferd und Wagen? Das sind *tempi passati*, in Berlin haben wir dafür keinen Platz. Nicht einmal für das schwarze Huhn."

Effi und Innstetten frühstückten auf dem Balkon.

„Die Tiere aus dem Zoo hören wir hier vielleicht nicht, aber die Vögel im Tiergarten." Er war sehr zufrieden. Sie sprachen über viele Dinge. Um zehn wollten sie sich mit Effis Mutter und Vetter Briest treffen, um ein paar Einkäufe zu machen und dann gemeinsam zu Mittag zu essen, bevor Frau von Briest, deren Kur am Ende wirklich sechs Wochen gedauert hatte, nach Hohen-Cremmen zurückfuhr.

Am nächsten Tag ging Innstetten zum ersten Mal ins Ministerium. Johanna kam als letzte aus Kessin und brachte auch Rollo mit. Effi teilte die Aufgaben neu ein: Johanna würde ihre persönliche Dienerin bleiben, aber Roswitha sollte für die Familie kochen, während Effi selbst sich um Annie kümmern[1] wollte. Roswitha lachte über die Idee. Denn sie kannte die jungen Frauen.

1. **sich kümmern um etw/jdn:** für jdn arbeiten/da sein.

KAPITEL **24**

Auf Rügen und in Kopenhagen

Innstetten arbeitete viel. Er war glücklicher als in Kessin, weil Effi fröhlicher und freier war. Sie dachte jetzt noch oft an das Vergangene, aber selten hatte sie noch die alten Ängste.

In den ersten Aprilwochen hatten sie noch ein paar Besuche in Berlin gemacht. Aber die Saison war fast zu Ende. Jetzt kamen keine Einladungen mehr. Im Mai waren nur noch wenige Leute „von Familie" in der Stadt. Mittags, wenn Innstetten aus dem Ministerium kam, traf er sich mit Effi im Tiergarten. Zusammen spazierten sie dann bis zum Charlottenburger Schloss oder bis zum Belvedere.

„Dort soll es einmal gespukt haben", sagte sie.

„Nein, Spuk ist etwas Natürliches. Das hier war nicht natürlich."

„Also glaubst du an Spuk?"

„Natürlich. Es gibt so was. An das, was wir in Kessin hatten, habe ich aber nicht so recht geglaubt. Hat dir Johanna ihren Chinesen gezeigt?"

„Welchen?"

„Nun, unseren. In unserem alten Haus gab es doch oben das kleine Bild. Das hat sie in ihr Portemonnaie gesteckt und mitgebracht."

„Ach, Geert, warum hast du mir das gesagt? Jetzt ist es auch hier."

„Sag ihr, sie soll es in den Kamin werfen, oder besser: sie soll ein Marienbildchen kaufen und es dazu legen. Aber sag es niemand anderem."

„Das will ich tun."

Aber dann wollte sie wieder nicht, und sie sprachen weiter, unter anderem über ihre Reisepläne für den Sommer. Sie wollten auf der Insel Rügen Ferien machen.

Im August konnte Innstetten endlich Urlaub nehmen. Annie fuhr mit Roswitha nach Hohen-Cremmen zu den Großeltern. Am nächsten Tag waren Effi und ihr Mann schon auf Rügen.

Nach dem Abendessen gingen sie am Meer spazieren. Der Mond schien. Effi war begeistert. „Ach Geert, das ist ja Capri, das ist ja Sorrent." „Ja, hier bleiben wir. Aber natürlich nicht im Hotel. Da sind sie mir zu elegant, schon die Kellner."

„Ja, wir werden sicher eine Wohnung finden können."

Nach dem Frühstück am nächsten Morgen musste Innstetten Briefe aus dem Ministerium beantworten.

Effi wollte sehen, ob sie nicht allein eine Wohnung finden würde.

Zu Fuß ging sie aus dem Ort hinaus. Der Weg führte zum Meer. Gleich am Strand gab es ein einfaches Gasthaus. Sie setzte sich ans Fenster und bestellte einen Sherry. Dann sprach sie den Wirt an. „Es gefällt uns sehr gut hier", sagte sie. „Der Blick auf das Meer ..., nur möchten wir gern eine Wohnung finden."

„Ja, gnädigste Frau, das wird schwer sein. Hier in Sassnitz finden Sie sicher nichts. Vielleicht im nächsten Dorf."

„Und wie heißt das Dorf?"

„Crampas."

Effi dachte, nicht richtig gehört zu haben. „Crampas. Das ist ein Ortsname? Und etwas anderes in der Nähe?"

„Nein, gnädige Frau. Aber weiter im Norden. Dort gibt es andere Dörfer. Und auch Leute, die noch vermieten wollen."

Auf dem Rückweg ins Hotel kam Effi an einem See vorbei. Hohe Bäume standen um den See herum. Das Wasser war schwarz. Am Rande des Sees standen große weiße Steine. Davon hatte sie in der Schule gehört. Das war der Herthasee, und die Germanen hatten hier ihren Göttern Opfer [1] gebracht. Hier wurde getötet, wer etwas Schlechtes getan hatte. Rinnen [2] führten von den Steinen zum Wasser. „Für das Blut", dachte sie. Sie ging schnell weiter.

„Hat meine liebe Effi schon etwas gefunden?" fragte Innstetten, als sie ins Hotel kam.

„Nein, Geert, lass uns weiterfahren, nach Kopenhagen. Dort soll es ganz anders sein. Hier fühle ich mich, als ob ich nie wieder lachen könnte."

---

1. **s Opfer(=):** etwas für andere geben.
2. **e Rinne(n):** kleiner Kanal.

„Und gestern war es noch wie Neapel. Und heute? Aber gut, wir brauchen nicht hier zu bleiben."

So kamen sie am dritten Urlaubstage in Kopenhagen an. Sie gingen ins Museum, aßen im Hotel zusammen mit einer Familie, die sie dort kennen gelernt hatten, zu Mittag, und am selben Abend noch gingen sie ins Tivoli Theater, wo sie eine italienische Pantomime sahen. Effi war glücklich.

„Jetzt fühl ich mich endlich wieder wie ich selbst. Kessin war schrecklich für mich. Rügen auch. Ich denke, wir bleiben noch ein paar Tage hier, wir können ja Ausflüge nach Frederiksborg und nach Jütland machen." Und das taten sie auch. Dann fuhren sie mit vielen Stationen, über Flensburg, Kiel, Hamburg nach Hause zurück — nicht direkt nach Berlin, sondern erst nach Hohen-Cremmen. Innstetten hatte nur wenige Tage Zeit, sein Urlaub war zu Ende. Effi blieb eine Woche länger und wollte erst am dritten Oktober, ihrem Hochzeitstag, wieder zu Hause sein.

KAPITEL 25

Zweifel

Annie hatten die Ferien auf dem Lande gut getan. Der alte Briest  war ein lieber Großvater, und war oft mit dem Kind zusammen. Aber oft dachte er auch an Effi.

„Wie findest du Effi?" fragte er seine Frau.

„Lieb und gut wie immer. Und sie ist immer so glücklich, wenn sie bei uns ist."

„Ja", sagte Briest, „ein bisschen zu sehr, denkst du nicht? Sie hat doch den Mann und das Kind. Aber sie tut, als wären wir ihr wichtiger. Das ist nicht richtig. Und Innstetten ist so ein guter Mann. Wie ist es denn mit den beiden? Ist sie glücklich? Schon am Anfang schien mir, sie habe Respekt vor ihm, aber Liebe ... Sag, Luise, was meinst du?"

„Ja, Briest, bin ich denn ein Orakel? Glaubst du, sie erzähle mir alles? Sie ist nicht so naiv, wie man denken möchte."

„Aber ist sie gut?"

„Gut. Voll Herzensgüte ist sie. Aber sonst, besonders streng zu sich selbst ist sie nicht. Und Innstetten war ihr die erste Zeit sehr fremd. Aber ich glaube, dass sich vieles gebessert hat, seit sie in Berlin lebt, und sie kommen sich immer näher. Sie hat mir so etwas gesagt, und ich habe es auch gesehen. Sie hat selbst gesagt, er sei der beste Mensch, etwas zu alt für sie und etwas zu gut für sie, aber jetzt sei sie über den Berg [1]. Sonderbar, dass sie das so sagte."

Das Leben auf Hohen-Cremmen hätte für Effi ein wenig langweilig sein können. Ihre Freundinnen wohnten nicht mehr dort. Hertha und Bertha hatten zwei Lehrer geheiratet. Aber für Effi gab es nichts Schöneres, als so tagelang zu träumen, freundliche Worte zu hören und an nichts denken zu müssen.

Am letzten Abend ging sie früher auf ihr Zimmer.

Sie stand am Fenster. Der Mond schien. Sie konnte den Kirchturm sehen und die Blumen im Garten. Da musste sie an den Tag vor erst zwei Jahren denken, an dem sie hier mit den beiden Mädchen gespielt hatte. „Da fing es an." Sie setzte sich. Die Turmuhr schlug zehn Mal. „Morgen um diese Stunde bin ich in Berlin. Es ist unser Hochzeitstag und er sagt mir Liebes und Freundliches. Und ich? Ich habe die Schuld auf meiner Seele. Aber fühle ich Schuld? Oder nur Angst, Todesangst. Und ich schäme mich, weil ich jetzt immer lügen [2] muss." Und sie legte den Kopf in ihre Arme und weinte.

1. **über den Berg sein:** das Schlimmste hinter sich haben.
2. **lügen (log - gelogen):** nicht die Wahrheit sagen.

KAPITEL 26

Gesellschaftsleben

Innstetten holte sie am Bahnhof ab und Rollo lief neben ihnen her, als sie durch den Tiergarten nach Hause gingen.

„Ich dachte, du würdest nicht pünktlich kommen."

„Ach Geert, ich halte doch Wort, das ist das erste."

„Immer Wort halten ist sehr viel. Als du die Wohnung mieten solltest ..."

„Ja, das war etwas anderes."

Aber Innstetten hatte anderes im Kopf: „Unser Berliner Leben fängt jetzt erst an, Effi. Als wir hier eingezogen sind, war die Saison zu Ende. Jetzt kann und soll alles anders werden. Ich habe mir die Namen der Räte notiert, die noch ein Haus machen¹. Und wir wollen es auch. Und im Winter werden im Ministerium alle sagen: ‚Ja, die Frau von Innstetten, das ist doch die schönste ...‘"

„Ach, Geert, ich kenne dich gar nicht wieder."

---

1. **ein Haus machen:** (*antiquiert*) Besuche machen, Bälle organisieren etc.

Und wirklich wollte Innstetten ihr Leben ändern. In der ersten Zeit hatten sie nur manchmal Gäste. Vetter Briest kam, Wüllersdorf, ein Kollege und Freund Innstettens oder auch das junge Ehepaar, das über ihnen wohnte. Die meisten Männer waren im Staatsdienst und die älteren unter ihnen hatten einige Jahre in einer Provinzstadt verbracht. Alle hatten lustige Geschichten aus dem Kleinstadtleben zu erzählen, und auch Innstetten brachte alle zum Lachen, wenn er von Gieshübler oder Sidonie von Grasenabb sprach. „Auch unseren Major Crampas hätten Sie sehen sollen, ganz Beau [1] und Barbarossa — meiner Frau hat er ganz besonders gefallen."

„Natürlich", sagte Wüllersdorf, „denn er hat sicher im Winter Theater gespielt. War er vielleicht auch ein Tenor?"

Effi versuchte zu lachen wie die anderen. Aber die Angst, die sie in solchen Momenten wieder hatte, wurde mit der Zeit schwächer. Die Liebe ihres Mannes und die neuen Freundschaften halfen ihr dabei.

Bald lernte Effi auch die junge Frau des Ministers kennen, die sie sehr mochte, und in ihrem zweiten Jahr in Berlin wurde Effi auf den Hofball eingeladen, wo der alte Kaiser Wilhelm mit der jungen Frau sprach, „von der er schon gehört habe". Da war Kessin endlich weit weg, wie auf einem anderen Stern, wie ein Traum.

---

1. **r Beau(s):** (frz.) der Schöne.

Textverständnis

1 Was ist richtig?

1 Vetter Briest meint, Effi
   - a ☑ sei ganz die alte.
   - b ☑ sei schöner als zuvor.
   - c ☐ trinke zu viel Tee.

2 Vetter Briest wundert sich, weil Effi
   - a ☐ ihn kritisiert.
   - b ☑ über Offiziere spricht.
   - c ☑ meint, sie seien alle gleich.

3 Effis Mutter glaubt
   - a ☐ alles, was der Arzt ihr sagt.
   - b ☑ nicht, dass sie in zwei Wochen gesund wird.
   - c ☑ nichts von dem, was der Arzt sagt.

4 Effi mietet die Wohnung nicht sofort, weil
   - a ☑ die Wohnung noch nicht trocken ist.
   - b ☐ sie Zeit hat.
   - c ☐ sie erst ins Restaurant geht.

5 Innstetten
   - a ☐ freut sich, dass es Effi gut geht.
   - b ☐ ärgert sich, weil sie die Wohnung nicht genommen hat.
   - c ☑ ärgert sich, weil Effi nicht zurückkommt.

6 Effi ist
   - a ☐ wirklich krank.
   - b ☐ nicht krank, aber der Arzt glaubt, sie sei es.
   - c ☑ nicht krank, und der Arzt weiß das.

7 Nach Berlin kommen

a ☑ alle Diener mit, aber Innstetten will das nicht.

b ☐ nur Roswitha, Johanna und Rollo mit.

c ☐ Effis Mutter und Vater mit.

8 Die Ferien verbringen sie

a ☑ auf Rügen und in Dänemark.

b ☑ auf Rügen, das Effi gut gefällt.

c ☐ mit Annie.

9 Der alte Briest fragt sich,

a ☑ warum Effi lieber bei ihnen als bei ihrem Mann ist.

b ☐ ob Effi sie liebt.

c ☐ ob Effi einen Geliebten hat.

10 Innstetten möchte in diesem Winter

a ☐ endlich ein Haus haben.

b ☐ möglichst viele interessante Leute einladen.

c ☑ am sozialen Leben teilnehmen, Feste besuchen und geben.

2 Detailfragen. Weißt du die Antwort?

a Warum will Effi keine „modernen" Romane lesen, als sie krank ist?

b Innstetten spricht noch einmal über den Chinesen. Erst reagiert Effi wie vorher, aber dann … Warum reagiert sie jetzt anders?

c Woran muss Effi auf Rügen denken? Warum stört sie der Opferplatz?

d Was stört Effi an den Geschichten aus der Provinz?

e Welche Funktion haben Feste für Innstetten?

3 Leben in Kessin und in Berlin. Ein Vergleich.

	Kessin	Berlin
Wohnung		
Diener		
Fortbewegungsmittel		
Wie ist Innstetten?		
Wie ist Effi?		
Was dominiert die Atmosphäre?		
Wen sehen sie täglich?		
Was machen sie zu zweit?		

together

Wortschatz

1 Ersetze die unterstrichenen Wörter und Ausdrücke mit denen aus der Liste.

keep secret   agree

> für sich behalten   einverstanden
> kühl   sich kümmern um   lügen   opfern

cold   take care   lie   sacrifice

a   Sie <u>sagte es niemandem</u>, aber sie hatte ihm ihr ganzes Geld <u>gegeben</u>.

b   <u>Für</u> die Gäste <u>ist unser Hausdiener da</u>.

c   Sie wollte ins Kino gehen und ich sagte: „<u>In Ordnung.</u>"

d   Er sagte auch heute <u>nicht die Wahrheit</u>.

e   Sie ist den Mitschülern gegenüber immer sehr <u>reserviert</u>.

KAPITEL 27

Die Kur

Annie wurde größer. „Schön wie die Großmutter", sagte der alte Briest. Die Großeltern kamen oft zu Besuch. Nur eins störte noch ihr Glück: dass keine Kinder mehr kamen. Wer sollte einmal Hohen-Cremmen bekommen? Was sollte aus dem Namen von Innstettens werden?

Zuerst scherzte man darüber, aber nach sieben Jahren bat man doch wieder Rummschüttel, der auch ein guter Gynäkologe war, um Rat. Er schickte Effi zur Kur. Drei Wochen Schwalbach und, weil die Lungen [1] schwach waren, drei Wochen Bad Ems. „Tut mir leid, Innstetten", sagte der Arzt. „Sechs Wochen sind lang. Aber in Bad Ems können Sie Ihre Frau ja einmal besuchen."

Effi sollte natürlich nicht allein reisen. Sie fuhr zusammen mit einer Frau Geheimrätin Zwicker, einer Witwe über vierzig.

---

1. **e Lunge(n)**: Organ, durch das wir Sauerstoff (O2) bekommen.

Effi war froh, als sie nach drei Wochen in Bad Schwalbach endlich in Bad Ems war. Da gebe es wenigstens Männer. Sie schrieb ihrem Mann glückliche Briefe, in denen sie vor allem von den Gesprächen mit Geheimrätin Zwicker erzählte. „Sie ist vielleicht etwas frei", schrieb Effi, „ich glaube, sie hat eine Vergangenheit, aber sie ist sehr amüsant. Sie hat viel gelesen, auch in fremder Literatur. Gestern wollte sie mit mir über *Nana* von Zola sprechen, aber ich weiß ja, wie du darüber denkst. Interessiert hätte es mich aber doch."

„Die Zwicker ist keine Frau für Effi", dachte Innstetten, als er den Brief las, „sie tendiert so leicht nach links. Aber schreiben kann ich ihr das auch nicht."

Er hätte Effi gern in Bad Ems besucht.

Aber er konnte keinen Urlaub nehmen.

Auch in der Küche, wo Annie nachmittags die meiste Zeit war, freute man sich auf die Rückkehr Effis. Johanna und Roswitha hatten sogar ein kleines Fest organisiert.

KAPITEL 28

Der Fund

Am Donnerstag der sechsten Woche, als Annie aus der Schule kam, traf sie vor der Haustür Roswitha. „Lass uns sehen", sagte Annie, „wer schneller oben ist!" Roswitha wollte nichts davon wissen, aber Annie lief schnell ins Haus und war schon oben angekommen, als sie plötzlich so unglücklich fiel, dass sie stark blutete.

Zuerst wollten Roswitha und Johanna den Arzt rufen. Aber das hätte zu lange gedauert. Man legte das Kind aufs Sofa und suchte nach Stoff, um das Kind zu verbinden ¹. „Die gnädige Frau hat im letzten Jahr eine lange Binde gekauft. Wo hat sie ... richtig! Die muss in ihrem Nachtschränkchen ² liegen." Das Schränkchen war verschlossen, und die beiden mussten es aufbrechen. Sie holten alles heraus, Strickzeug ³, trockene Blumen, Karten, Billets, ein kleines Konvolut von Briefen, das

---

1. **verbinden**: mit einem Stück Stoff das Blut stoppen.
2. **s Nachtschränkchen(=)**: kleiner Schrank/Tisch neben dem Bett.
3. **s Strickzeug**: Instrumente zum Stricken.

ganz unten gelegen hatte, aber die Binde fanden sie nicht. Da kam Innstetten herein.

„Es ist nichts, gnädiger Herr, Annie ist gefallen."

Innstetten war zu Annie gegangen und sah, dass es nicht gefährlich war. Er ließ aber den Arzt rufen. „Aber was in aller Welt ist mit dem Schränkchen?"

Und nun erzählte ihm Roswitha alles. Jetzt wolle sie eine neue Binde kaufen gehen.

Innstetten war einverstanden und setzte sich zu dem Kinde. „Du bist immer so wild, Annie." Dann gab er ihr einen Kuss. „Du hast aber nicht geweint, das ist brav. Ich denke, der Doktor wird in einer Stunde hier sein und wenn die Mama wiederkommt, ist alles wieder gut."

Dann aßen sie zusammen. Nach dem Essen legte man Annie wieder aufs Sofa, und Innstetten wollte die Dinge, die man aus dem Nachtschränkchen geholt hatte, wieder aufräumen.

„Wo haben die Briefe gelegen, Johanna?"

„Ganz unten", sagte diese. Innstetten sah die Briefe an, las das eine oder andere Wort am Rande. Von wem waren diese Briefe? Er bat Johanna, ihm eine Tasse Kaffee zu bringen. Dann setzte er sich, die Briefe in der Hand. Diese Schrift [1] hatte er schon einmal gesehen; es war die des Majors.

Eine halbe Stunde später ging er aus dem Haus. Als er am Abend zurückkam, gab er Annie die Hand, fragte, wie's gehe, und ging dann auf sein Zimmer. Kurze Zeit später kam Wüllersdorf. Er sah sofort, dass etwas nicht in Ordnung war.

„Pardon, Wüllersdorf", sagte Innstetten, „ich störe niemand gern in seiner Abendruhe, am wenigsten einen Ministerialrat. Es ging aber nicht anders. Bitte setzen Sie sich. Und hier eine Zigarre."

---

1. e Schrift(en): typische Art zu schreiben.

KAPITEL 29

Das Duell

Innstetten ging im Zimmer hin und her. Dann setzte er sich auch.

„Ich habe Sie rufen lassen, weil ich einen Sekundanten [1] brauche. Das ist nicht angenehm, ich weiß. Und nun Ihre Antwort."

„Sie wissen, Innstetten, ich bin Ihr Freund. Aber ein Duell? Darf ich ganz naiv fragen: muss es sein? Sind wir nicht ein bisschen zu alt für diese Dinge? Verstehen Sie mich nicht falsch. Das ist kein ‚Nein', aber sagen Sie, was ist es?"

„Es ist der Geliebte meiner Frau, der auch mein Freund war, oder fast."

Wüllersdorf sah Innstetten an: „Das ist nicht möglich."

„Es ist mehr als möglich. Es ist sicher. Lesen Sie."

Wüllersdorf las ein paar Worte. „Die sind an Ihre Frau?"

„Ja."

„Und wer hat sie geschrieben?"

---

1. **r Sekundant(en):** Assistent beim Duell.

„Major Crampas."

„Also war das, als Sie noch in Kessin waren? Also vor mehr als sechs Jahren?"

„Ja. Das ist eine lange Zeit, ich weiß."

„Innstetten, die Situation ist schrecklich. Ihr Glück ruiniert. Aber wenn Sie den Liebhaber [1] totschießen, machen Sie alles noch schlimmer. Müssen Sie's wirklich tun? Ist es so, dass einer weg muss, er oder Sie?"

„Nein. Ich bin unglücklich, bin betrogen. Aber ich fühle keinen Hass. Warum nicht? Es sind die Jahre. Das hätte ich nie gedacht. Es ist die Zeit, die vergangen ist. Und zweitens: ich liebe meine Frau, ich könnte es ihr verzeihen [2]."

„Ja, wenn es so ist, Innstetten, warum dann die ganze Geschichte?"

„Weil es sein muss. Ich bin nicht allein auf der Welt, bin Teil eines Ganzen. Im Zusammenleben gibt es Regeln, da kann man nicht machen, was man will, sonst verlieren die anderen die Achtung [3] vor uns, und am Ende ..."

„Ich weiß doch nicht, Innstetten."

„Wenn ich Sie nicht hätte rufen lassen, Ihnen nichts erzählt hätte, dann vielleicht ... Aber jetzt habe ich einen Mitwisser."

„In mir ruht alles wie in einem Grabe."

„Ja, Wüllersdorf, so heißt es immer. Aber Sie wissen es, und wenn Sie mich mit meiner Frau zusammen sehen, wenn meine Frau über Moral spricht oder ich im Ministerium nicht zu streng sein will, dann werden Sie lächeln und denken: ‚Der arme

---

1. **r Liebhaber(=):** *(hier)* illegitimer Liebender.
2. **jdm verzeihen:** für entschuldigen.
3. **e Achtung:** r Respekt.

Innstetten ...' Habe ich Recht?"

Wüllersdorf war aufgestanden. „Es ist furchtbar, dass Sie Recht haben, aber Sie haben Recht."

Wüllersdorf sollte noch am selben Abend nach Kessin reisen und mit Crampas sprechen.

Einen Tag später reiste Innstetten, und er war früh morgens dort. Wüllersdorf erwartete ihn. „Wir haben noch Zeit, um Viertel nach acht kommt der Wagen. Wir brauchen nicht mehr als zehn Minuten."

„Und wo?"

„Zwischen den Dünen, am Strand. Da sieht man aufs Meer."

Innstetten lächelte. „Ein Schönheitspunkt. Typisch."

„Als er Ihren Namen hörte, brauchte ich nicht mehr viel zu sagen. Er schien resigniert zu sein. Ich denke, er lebt gern, aber am Ende ist ihm das Leben auch wieder egal."

Die Kutsche brachte sie an den Ort des Duells. Nach einem kurzen Gespräch der Sekundanten gingen die Duellanten auf ihre Plätze. Sie gingen aufeinander zu und schossen dann aus zehn Metern Distanz. Crampas fiel zu Boden.

Der Arzt ging zu Crampas, dann zu Innstetten und sagte: „Crampas will sie noch sprechen. Er hat keine drei Minuten Leben mehr."

Innstetten ging zu Crampas.

„Wollen Sie ..." das waren seine letzten Worte.

KAPITEL **30**

Brief nach Bad Ems

Effi und Geheimrätin Zwicker waren seit fast drei Wochen in Ems. Sie frühstückten auf der Terrasse der kleinen Villa, in der sie zusammen wohnten. Effi war unruhig. „Ich verstehe nicht", sagte sie, „dass ich seit vier Tagen keinen Brief habe; er schreibt sonst täglich. Ob jemand krank ist?" „Krank?" lachte die Geheimrätin, „es wird schon nichts sein." Sie ging Effi auf die Nerven. Aber sie musste noch eine Stunde warten, bis der Postbote endlich kam. Er brachte ein Einschreiben [1] für Frau Baronin von Innstetten, geborene von Briest.

Sie unterschrieb. Das Einschreiben kam aus Hohen-Cremmen. Wieder kein Brief von Innstetten? Sie öffnete den Brief. Es war auch Geld darin. Sie steckte das Geld weg und begann zu lesen. Aber sie kam nicht weit.

„Was haben Sie?" fragte Frau von Zwicker. „Ist etwas passiert?"

---

1. **s Einschreiben**(=): Brief, für den man persönlich unterschreibt.

Effi antwortete nur kurz: „Ja." Dann ging sie auf ihr Zimmer.

Sie legte sich aufs Bett und versuchte nachzudenken. Sie wollte fort. „Aber wohin? Crampas ist tot. In meine Wohnung kann ich nicht zurück. Innstetten will die Scheidung 1, er wird auch das Kind bekommen. Natürlich. Ich bin schuldig. Eine Schuldige kann kein Kind erziehen. Und wovon sollten wir auch leben? Und ich?" Sie nahm den Brief wieder in die Hand und las weiter. „Und nun zu Dir, meine liebe Effi. Du bist jetzt allein, und Du wirst allein leben. Finanzielle Probleme wirst Du nicht haben. In die Welt, in der Du gelebt hast, kannst Du nicht zurück. Und das Traurigste für uns und für Dich ist, dass Dir auch das Haus Deiner Eltern verschlossen sein wird. Es gibt keinen Platz mehr für Dich in Hohen-Cremmen. Alle Welt soll wissen, dass wir Dein Tun nicht entschuldigen können ..."

Effi konnte nicht weiterlesen. Sie lag auf dem Bett und weinte.

Nach einer halben Stunde kam die Geheimrätin zu ihr. „Etwas Trauriges, liebe gnädigste Frau?"

„Ja", sagte Effi. „Meine Eltern. Ich muss heute Abend noch abreisen." Die Zwicker wollte natürlich noch mehr hören, aber Effi entschuldigte sich, sie müsse Koffer packen.

Als Effi im Zug saß, konnte die Geheimrätin es schon in der Zeitung lesen: „Gestern früh hat in Kessin in Hinterpommern der Ministerialrat von I. den Major von Crampas im Duell getötet. Er soll Beziehungen zu der schönen und noch sehr jungen Geheimrätin gehabt haben."

---

1.   e Scheidung(en): offizielle Annullierung der Ehe.

Textverständnis

1 Verbinde die folgenden Satzteile und bringe dann die Sätze in die richtige chronologische Reihenfolge.

a ☐7 Effi frühstückt mit Frau von Zwicker,

b ☐3 Innstetten spricht mit seinem Kollegen,

c ☐2 Innstetten findet Crampas' Briefe,

d ☐1 Innstetten fährt zum Duell nach Kessin

e ☐6 Effi fährt zur Kur,

f ☐4 Effi fährt mit dem Zug nach Berlin,

g ☐5 Ihre Eltern haben ihr geschrieben,

1 und erschießt Crampas.

2 als Annie einen kleinen Unfall hat.

3 der dann nach Kessin fährt.

4 nachdem sie das Einschreiben gelesen hat.

5 dass sie sie nicht mehr besuchen darf.

6 weil sie keine Kinder mehr bekommen hat.

7 als der Postbote ein Einschreiben bringt.

Wortschatz

1 Ergänze.

> **Achtung** *attention respect* **Duell** **Liebhaber** *lover* **Lungensanatorium**
> **Scheidung** *divorce* **Schrift** **Sekundanten** *2nd in command*

a Kafka hatte Tuberkulose und musste in ein ....Lungensanatorium....

b Nachdem er erfahren hat, dass sie einen ....Liebhaber.... hatte, will er die ....Scheidung....

c Er hatte eine schlechte ....Schrift.... und der Lehrer konnte seine Arbeit nicht lesen.

d Er hatte keine ...*Achtung*... vor ihr.

e Für mein ...*Duell*... am Montag brauche ich einen ...*Sekundanten*...

Grammatik

1 Setze die passende Konjunktion ein.

als (x2) damit nachdem sobald solange weil

Beispiel: *Sie hat eine „Geschichte" mit Crampas, **obwohl** sie ihn nicht liebt.*

a ...*Nachdem*... das Telegramm kommt, fährt sie in die neue Wohnung.

b ...*Sobald*... er die Briefe gefunden hatte, hat er Wüllersdorf rufen lassen.

c Ihre Eltern schicken ihr Geld, ...*damit*... sie keine finanziellen Probleme hat.

d Sie verliert auch ihre Tochter, ...*weil*... sie Schuld an der Scheidung hat.

e Crampas sagt nichts mehr, ...*als*... er den Namen Innstettens hört.

f ...*Solange*... Effi in Kessin bleibt, trifft sie Crampas jeden Tag.

g ...*Als*... sie klein war, hat sie immer im Garten gespielt.

Schreiben

1 Alle haben in der Zeitung lesen können, was passiert ist. Stell dir die Reaktion der Kessiner vor. Was sagt Sidonie von Grasenabb, was Gieshübler? Schreibe ein Gespräch zwischen den beiden.

2 Effis Eltern. Du bist eine Freundin Effis und schreibst den Eltern einen Brief, weil du deren Reaktion nicht richtig findest.

Das Duell

„Weil es sein muss. Ich bin nicht allein auf der Welt, bin Teil eines Ganzen. Im Zusammenleben gibt es Regeln, da kann man nicht machen, was man will, sonst verlieren die anderen die Achtung vor uns, und am Ende…" So rechtfertigt Innstetten gegenüber Wüllersdorf die Notwendigkeit eines Duells mit Crampas. Duelle haben eine lange Tradition in der europäischen Geschichte, angefangen in der Antike (Menelaos gegen Paris). Im Frankreich war das Duell in 16. und 17. Jahrhundert eine richtige Mode. Von 1594 bis 1610 sind dort fast achttausend Adelige und Offiziere beim Duell umgekommen.

Beim Duell ging es nicht so sehr darum, ob einer der Duellanten verletzt oder sogar getötet wurde, sondern dass man am Duell teilnahm. Nach der Teilnahme war die Beleidigung gesühnt und die Ehre der beiden Kontrahenten wieder hergestellt. An einem Duell konnten eigentlich nur Adelige oder Offiziere teilnehmen. Man schätzt, dass im 19. Jh. 25% aller Adeligen mindestens einmal in einer Duell-Situation waren. Berühmte Duell-Opfer waren der russische Dichter Alexander Puschkin (1837) und der französische Arbeiterführer Ferdinand Lassalle (1864). Preußische oder österreichische Offiziere mussten mit ihrer Entlassung rechnen, wenn sie sich weigerten, an einem Duell teilzunehmen.

Das Duell in der Literatur

Die Novelle Das *Duell* von Joseph Conrad erschien 1908 in der Sammlung *A Set of Six*. Zwei Offiziere der napoleonischen Armee fordern einander, wo immer sie sich begegnen, zum Duell heraus. 1977 verfilmte Ridley Scott die Novelle unter dem Titel *Die Duellisten*.

Eine große Rolle spielen Duelle in Alexandre Dumas Roman *Die drei Musketiere*, während Joseph Roth in dem Roman *Radetzkymarsch* (1932) Kritik an der Tradition der Duelle bei österreichischen Offizieren übt. Ebenso sein Landsmann Arthur Schnitzler in *Leutnant Gustl* (1900). In Giuseppe Vergas *Cavalleria Rusticana* (1888) und der gleichnamigen Oper von P. Mascagni (1890) kommt es zum Duell zwischen dem Ehemann und dem früheren Verlobten der Ehefrau, während der Frauenheld Sperelli in Gabriele D´Annunzios *Il Piacere* (1889) bei einem Duell verletzt wird.

1 **Fragen zum Text.**

a   Bis wann waren Duelle in deinem Heimatland (inoffiziell) erlaubt?

b   Wie würdest du das Duell und Crampas' Tod interpretieren, wenn du Richter wärest?

KAPITEL 31

Drei Jahre später

Drei Jahre waren vergangen. Effi bewohnte eine kleine Wohnung in der Nähe vom Halleschen Tor. Zwei Zimmer, eine Küche mit einem kleinen Dienstmädchenzimmer, das war alles. Aber die Wohnung war hübsch. Vom hinteren Fenster aus sah man Züge vorbeifahren. Das gefiel auch ihrem alten Arzt Rummschüttel, der oft zu ihr kam.

„Gnädige Frau", sagte er jedes Mal, „warum wollen Sie denn nicht nach Bad Ems? Bei Ihren katarrhalischen Affektionen ..."

Aber Effi wollte nichts davon wissen.

„Nun gut, aber wenn es wieder schlechter geht, schicken Sie Roswitha zu mir."

Effi dankte ihm, und er ging.

Ja, Roswitha war bei ihr. Sie hatte einfach vor der Tür gestanden und gefragt, ob die gnädige Frau sie vielleicht brauche.

„Ja, Roswitha, das ist ein Gedanke. Aber bist du sicher? Ich habe jetzt eine ganz kleine Wohnung. Du wirst sparen müssen, denn ich bin arm."

Roswitha war wenige Tage später gekommen und bei ihr geblieben. Am Anfang war Effi froh, obwohl sie mit Roswitha über viele Dinge nicht sprechen konnte. Aber um Weihnachten begann sie wieder traurig zu werden. In die Kirche mochte sie nicht mehr gehen. „Der Prediger spricht immer nur vom Alten Testament. Ich kann ihm nicht zuhören. Ich würde gern etwas tun, jungen Mädchen helfen. Aber die Damen, die das organisieren, nehmen mich nicht an und können auch nicht. Das ist das schrecklichste, dass mir alles verschlossen ist." Doch im Frühling kam sie auf die Idee malen zu lernen. Sie fuhr zu einem alten Malerprofessor, wo sie auch wieder andere Menschen kennen lernte. Die Malerei machte ihr Spass. „Gott sei Dank", dachte Roswitha, „das ist etwas. Jetzt wird es besser."

Eines Tages, als Effi nach der Malstunde in die Pferdebahn stieg, sah sie drei Schulmädchen vor sich stehen. Zwei waren blond und fröhlich, eines dunkel und ernst. Es war Annie.

Die Mädchen sahen sie nicht. Effi ging nach hinten und stieg an der nächsten Haltestelle aus.

„Jetzt habe ich schon Angst vor meiner eigenen Tochter", dachte sie, „das darf nicht wahr sein." Seit drei Jahren hatte sie ihr Kind nicht mehr gesehen. Innstetten hatte es so gewollt. „Und er hat Recht. Aber habe ich nicht auch ein Recht? Ihm schreiben kann ich natürlich nicht. Er hat seine Prinzipien."

Am nächsten Tag zog sie ein elegantes schwarzes Kleid an und ging zum Ministerium, um mit der Frau des Ministers zu sprechen, die sie und Innstetten gut kannte.

Die Ministerin bat sie herein und gab ihr die Hand. Effi bat sie, mit Innstetten zu sprechen. „Wie es ist, so ist es recht", sagte sie. „Ich habe es nicht anders gewollt. Aber mein Kind nicht sehen zu dürfen, das ist zu hart."

„Ich sehe, dass Ihr Mann das Kind fern von der Mutter erziehen möchte, und entschuldigen Sie, wenn ich Ihnen sage, dass er vielleicht Recht hat. Aber ich will es versuchen. Ich sehe ihn morgen in privatem Kreis und werde mit ihm sprechen. Ich hoffe, ich kann Ihnen helfen. Wir beide kennen Ihren Mann, er ist sehr streng."

Zwei Tage später kam ein Brief von der Ministerin. Innstetten erlaubte, dass Annie ihre Mutter besuchte. „Es war aber klar, dass es gegen seine Prinzipien war. Er tut es, weil er einer Dame schlecht ‚nein' sagen kann", schrieb ihr die Ministerin.

KAPITEL 32

Besuch von Annie

Effi stand am anderen Ende des Zimmers, als Annie hereinkam.
„Annie!" Aber Annie blieb an der Tür stehen. Effi ging zu
ihr und küsste sie. „Annie, mein süßes Kind,
wie freue ich mich!" Sie nahm sie an der Hand
und führte sie zum Sofa. Annie wollte sich
nicht setzen. „Jetzt gehst du in die Schule. Ich
denke mir, du bist immer die Beste. Das ist gut.
Worin bist du denn am besten?"

„Ich weiß es nicht."

„Das weißt du nicht? Worin hast du die beste
Zensur?"

„In Religion."

„Das ist schön. Und was macht Johanna?"

„Sie steht unten vor dem Haus und wartet auf
mich. Ich möchte sie nicht gern warten lassen."

„Du denkst an die anderen, darüber muss
ich mich freuen. Und Rollo?"

„Papa sagt, er wird faul. Er liegt immer in der Sonne."

„So war er schon immer. Und wirst du mich jetzt öfter besuchen?"

„Gern, wenn ich darf."

„Wir können im Park spazieren gehen."

„Gern, wenn ich darf."

„Oder wir gehen Eis essen. Ananas oder Vanille."

„Gern, wenn ich darf."

Und bei diesem dritten „wenn ich darf" sprang Effi auf und klingelte. Roswitha kam herein. „Roswitha, bring sie bitte nach unten. Annie, es ist Zeit. Johanna wartet unten. Grüße sie von mir." Und nun gingen Roswitha und Annie hinaus.

Sobald sie hinaus waren, fing Effi an zu lachen. „Das ist also ein Wiedersehen!" Sie öffnete die Fenster, und ging im Zimmer herum. Dann fand sie die Bibel, legte sie auf den Tischrand und kniete sich hin. „O du Gott im Himmel, ich will meine Schuld nicht kleiner machen, aber das ist zu viel. Das bist nicht du, Gott, das ist er, nur er! Ich habe mich immer klein neben ihm gefühlt, aber jetzt weiß ich, dass er es ist, er ist klein. Und darum ist er so hart. Ich hasse euch, auch mein eigenes Kind. — ‚Ehre [1], Ehre, Ehre' ... und dann hat er den armen Mann totgeschossen, den ich nie geliebt habe. Dummheit war das alles, und dann Blut und Mord. Und ich schuld. Dann darf das Kind zu mir, weil ihn die Ministerin darum bittet, aber es soll wie ein Papagei nur eins sagen: ‚wenn ich darf'. Noch muss ich leben, aber es dauert nicht mehr lange." Als Roswitha wiederkam, lag Effi auf dem Boden.

Rummschüttel kam sofort. „Es sieht nicht gut aus", sagte er. „Die Nerven, sie muss fort. Andere Luft, andere Menschen."

---

1. e Ehre: was man verliert, wenn man etwas Schlechtes tut und nicht mehr geachtet wird.

KAPITEL 33

Rückkehr nach Hohen-Cremmen

geschehen = happen

Gnädigste Frau! Sie kennen meine alten freundschaftlichen Beziehungen zu Ihrer Familie und vor allem zu Ihrer Tochter. Es geht so nicht weiter. Ihre Frau Tochter hat schon lange Probleme mit den Lungen, aber seit einiger Zeit kommt eine Krankheit der Nerven dazu. Wenn nicht etwas geschieht, hat sie nicht mehr lange zu leben. Ich könnte sie in einen Kurort schicken, aber ich glaube, ihr kann nur eins helfen: Hohen-Cremmen. Sie ist krank, weil sie nichts hat als Roswitha. Sie braucht die Liebe ihrer Eltern. Ich bin ein alter Mann, ich habe so viel vom Leben gesehen … Entschuldigen Sie, dass ich mir als Arzt erlaube, Ihnen zu schreiben.

Mit den besten Grüßen an Ihren Mann

Dr. Rummschüttel

Frau von Briest las ihrem Mann den Brief vor.

„Ach, Luise. Als vor Jahren Innstettens Brief kam, habe ich gedacht wie du. Aber jetzt ist schon wieder so viel Zeit vergangen. Wie lange soll ich noch den Großinquisitor spielen?"

„Ist es jetzt meine Schuld, Briest? Ich liebe sie so sehr wie du, vielleicht noch mehr. Aber man kann nicht immer schwach sein und nur lieben wollen. Wo bleiben da Recht und Moral?"

„Ach was! Eins ist wichtiger. Die Liebe der Eltern zu ihren Kindern. Und wenn man nur eins hat ..."

„Dann denkt man nicht mehr an Katechismus und Moral und das, was die anderen sagen. Du weißt, dass wir fern von aller Welt leben müssen, wenn sie wiederkommt."

„Ach Luise, die anderen. Die brauche ich nicht. Mein Rotwein schmeckt mir auch ohne die anderen. Und wenn das Kind erst wieder hier ist, schmeckt er mir noch besser. Und nun will ich das Telegramm schicken."

Nach einem halben Jahr in Hohen-Cremmen schien Effi wieder ganz gesund. Sie ging täglich spazieren. Im Frühling wurden ihre Spaziergänge immer länger, auch wenn sie sich an kalten Tagen leicht erkältete und dann tagelang mit hohem Fieber im Bett lag.

Roswitha machte sich auch Gedanken, weil sie immer allein spazieren ging: „Man weiß nie, wen man da trifft."

„Dich kann ich ja nicht mitnehmen, Roswitha. Du bist zu dick. Und Papas Hund gefällt mir gar nicht. Ich muss jetzt oft an Rollo denken."

KAPITEL 34

Beförderung

Es war eine Viertelstunde nach acht. Innstetten saß in seinem Arbeitszimmer, als Johanna das Frühstück brachte. Auf den Tisch legte sie auch die Zeitung und zwei Briefe. Innstetten sah sie kurz an. Einer war vom Minister. Aber der andere? Die Schrift kannte er nicht. Zuerst öffnete er den Brief des Ministers. „Mein lieber Innstetten! Ich freue mich, Ihnen als erster zu Ihrer neuen Stellung gratulieren zu können. Majestät hat Sie zum Ministerialdirektor ernannt [1]." Innstetten freute sich über die freundlichen Worte des Ministers mehr als über die neue Stellung. Seine Karriere schien ihm ohne Wert zu sein. „Ich müsste jetzt glücklich sein", dachte er, „aber was man ‚das Glück' nennt, das gibt es vielleicht nicht. Nicht für mich. Wenn es in den 720 Minuten eines zwölfstündigen Tages keinen besonderen Ärger gibt, dann ist das schon ein glücklicher Tag."

---

1. **jdn zu etw ernennen:** jdm einen Titel/eine Position geben.

„Ich kann mich nicht mehr freuen", erklärte er Wüllersdorf, der gekommen war, um ihm zu gratulieren. „Und Sie wissen, warum. Hier, lesen Sie!" Und er gab ihm den zweiten Brief.

Gnäd'ger Herr! Sie werden es komisch finden, dass ich Ihnen schreibe, aber es ist wegen Rollo. Anniechen hat uns gesagt, er wäre jetzt so faul, aber das macht nichts, hier kann er so faul sein, wie er will. Und die gnäd'ge Frau möchte es so gern, wenn Sie spazieren geht. ‚Ein bisschen Angst habe ich schon, Roswitha, aber wer soll mitkommen? Rollo, das ginge, der ist auch nicht böse auf mich. Tiere sind nicht so.' Das sagte die gnäd'ge Frau und mehr will ich nicht sagen. Grüßen Sie bitte mein Anniechen, und auch die Johanna.
Ihre alte Dienerin Roswitha

„Ja, die ist vielleicht klüger als wir", sagte Wüllersdorf, „und darum können Sie sich heute nicht richtig freuen."

„Richtig", sagte Innstetten. „Am liebsten möchte ich, es wäre alles anders gekommen. Nichts gefällt mir mehr. Manchmal möchte ich nur noch weg von hier, nach Afrika, wo sie von Kultur und Ehre nichts wissen."

„Ach was, Innstetten! Afrika, was soll das heißen? Bleiben Sie hier und üben Sie Resignation. Das tun wir doch alle. Seine Arbeit tun, solange man kann. Sich über die kleinen Dinge freuen. Abends ins Theater und dann gehen Sie ein Bier trinken, das beruhigt immer."

„Und das ist alles? Mehr wollen Sie nicht vom Leben?"

„Das will ich nicht sagen. Aber es hilft."

KAPITEL 35

Das Ende

Und wirklich lief Rollo bald neben Effi her, wenn sie nach dem 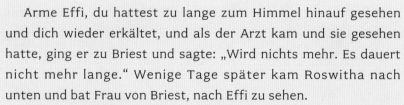 Frühstück und nachmittags ihren Spaziergang machte. Frische Luft brauchte sie, oft saß sie auch abends noch lange am offenen Fenster und sah in den Himmel [1]. „Ich war immer eine schwache Christin, aber vielleicht kommen wir wirklich von dort oben und gehen dorthin zurück. Ich weiß es nicht."

Arme Effi, du hattest zu lange zum Himmel hinauf gesehen und dich wieder erkältet, und als der Arzt kam und sie gesehen hatte, ging er zu Briest und sagte: „Wird nichts mehr. Es dauert nicht mehr lange." Wenige Tage später kam Roswitha nach unten und bat Frau von Briest, nach Effi zu sehen.

Sie kam sofort. Effi lag auf dem Sofa am offenen Fenster. Frau von Briest ging zu ihr. „Roswitha sagt, du hättest Fieber."

„Ach, Roswitha ist immer ängstlich. Sie glaubt, ich sterbe. Ich weiß nicht."

„Bist du so ruhig über das Sterben, liebe Effi?"

„Ganz ruhig, Mama. Aber ich muss dir noch etwas sagen, liebe Mama. Ich sterbe im Frieden mit Gott und den Menschen, auch mit ihm."

„Warst du denn so verbittert[1] gegen ihn?"

„Ja, Mama, als all das Schreckliche kam, und zuletzt das mit Annie. Da habe ich mir gesagt, er habe Schuld. Aber jetzt denke ich anders und ich möchte, dass er das weiß. Er hatte doch auch viel Gutes, so viel wie jemand haben kann, der ohne Liebe ist."

Es war Ende September. Das Wetter war schön, aber im Park gab es schon viel Rot und Gelb. In der Mitte lag jetzt eine weiße Marmorplatte. Darauf stand nichts als „Effi Briest". Rollo lag

1. **verbittert:** so negativ gegen ihn eingestellt.

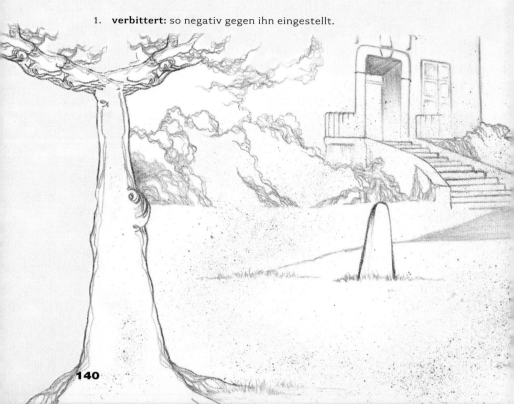

daneben. Briests saßen am Tisch. „Siehst du, Briest? Rollo liegt wieder vor dem Grab. Er frisst[1] auch nicht mehr."

„Ja, Luise, die Kreatur. Es ist nicht so viel mit uns[2], wie wir glauben."

„Briest, wenn du so philosophierst ... du bist ja nicht dumm, Briest, aber solche Fragen ... Ich habe da eine andere Frage, Briest, seit Tagen frage ich mich —"

„Was, Luise?"

„Ob wir nicht doch an allem schuld sind?"

„Unsinn, Luise. Wie meinst du das?"

„Unsere Erziehung. Und, dann, ob sie nicht vielleicht zu jung war?"

„Ach Luise, lass ... das ist ein zu weites Feld."

---

1. **fressen:** essen (wie Tiere).
2. **es ist nicht so viel mit uns:** wir sind nicht so wichtig, nicht perfekt.

Textverständnis

1 An dieser Zusammenfassung ist praktisch alles falsch. Korrigiere sie.

Effi lebt in Berlin in einer vornehmen Wohnung. Sie ist allein. Es geht
ihr gut, aber Dr. Rummschüttel besucht sie oft. Auch ihre Tochter
Annie kommt einmal, aber sie gefällt ihr nicht mehr. Nach einigen
Monaten kommt ein Brief von Effis Eltern. Sie haben ihr spontan
geschrieben, um sie endlich wiederzusehen. In Hohen-Cremmen fühlt
Effi sich sehr wohl. Da kommt Rollo. Innstetten wollte den faulen Hund
nicht mehr sehen, weil es gegen seine Prinzipien ist, und fährt nach
Afrika. Am Ende ...

2 Auf und ab ...
Effi geht es nach der Scheidung nicht besonders gut. Und später?
Nummeriere die Ereignisse in der richtigen Reihenfolge. Markiere
dann Effis Hoch oder Tief.

a ☐ Innstetten schickt Rollo.

b ☐ Annie besucht sie.

c ☐ Roswitha kommt zu ihr.

d ☐ Das Ende ist nah.

e ☐ Sie nimmt Malstunden.

f ☐ Sie sieht Annie in der Straßenbahn.

g ☐ Sie kommt nach Hohen-Cremmen

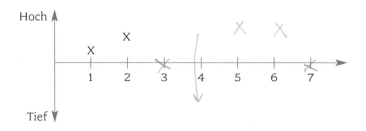

Wortschatz

1 Welche Definition passt zu welchem Begriff?

> e Beziehung   e Ehre   Fressen   r Himmel
> e Scheidung   verbittert

a   Solltest du den Schweinen überlassen. *leave it to*   ....*Fressen*..........

b   Das kann man verlieren.   ....*die Ehre*..........

c   Das haben zwei Personen zueinander.   ....*die Beziehung*..........

d   Da kann man fliegen.   ....

e   Danach kann man wieder heiraten.   ....*die Scheidung*..........

f   Sind Leute, die viel Schlechtes erlebt haben.   ....*verbittert*..........

Sprechen

1 Innstetten träumt davon, nach Afrika zu gehen. Das taten am Ende des neunzehnten Jahrhunderts viele. Warum? Und was stört Innstetten an Europa? Was würde sich für ihn ändern, wenn er wirklich ginge?
Erzähle: „Innstetten in Togo".

2 Effi stirbt. Und wenn sie's nicht täte? Kannst du erzählen, wie ihr Leben weiterginge?

▶▶▶ INTERNETPROJEKT ◀◀◀

Zwei Ehebrecherinnen: Effi Briest und Emma Bovary
Einen anderen großen Ehebruch-Roman kennst du vielleicht. Es ist
Madame Bovary von Gustave Flaubert. Welche Unterschiede, welche
Gemeinsamkeiten siehst du? Kannst du die Tabelle ausfüllen? Eine
Webrecherche kann dir helfen.

Öffne die Website www.blackcat-cideb.com.
Gehe dann auf den Menüpunkt *Students*, danach auf *Lesen und
Üben*. Suche dann den Titel des Buches und du bekommst die
genaue Link-Angabe.

	Effi Briest	Madame Bovary
Ort		Provinz
soziale Sphäre		Kleinbürger
Ehemann	Beamter (streng)	Arzt (dumm)
Kinder		
Ort des Ehebruchs	Schlitten u.a.	Kutsche u.a.
Wie kommt der Ehebruch ans Licht? Und wann?		vergiftet sich
Ende der Hauptperson?